DOIS CAMINHOS E UMA ORAÇÃO

ALBERTO DA CUNHA MELO

DOIS CAMINHOS E UMA ORAÇÃO

Meditação sob os lajedos
Yacala
Oração pelo poema

imc
instituto maximiano campos

A GIRAFA

Organização do volume: Cláudia Cordeiro Reis
Coordenação: Estúdio Sabiá

Capa e projeto gráfico
LY2 – Comunicação Visual

Preparação de texto
Isabel Moliterno

Revisão
Paola Morsello
Andréia Moroni
Bruno Rodrigues

Dados Internacionais de Catalogação na Publicação (CIP)
(Câmara Brasileira do Livro, SP, Brasil)

Melo, Alberto da Cunha
Dois caminhos e uma oração : Meditação sob os lajedos : Yacala : Oração pelo poema / Alberto da Cunha Melo. — São Paulo : A Girafa Editora; Recife : Instituto Maximiano Campos, 2003.
ISBN: 85-89876-03-9 (A Girafa)
1. Poesia brasileira I. Título

03-4997 CDD - 869.91

Índices para catálogo sistemático:
1. Poesia : Literatura brasileira 869.91

Primeira edição
2003

A GIRAFA EDITORA LTDA.
Av. Angélica, 2503, cj. 125
01227-000 – São Paulo – SP
www.agirafa.com.br

Sumário

MEDITAÇÃO SOB OS LAJEDOS

Meditação sob os lajedos foi publicado em 2002 pela Editora Universitária do Rio Grande do Norte, Natal. Formato: 14 x 21 cm, 162 páginas contendo 106 poemas, divididos em três partes: "Embarque", "Gentes e bichos" e "Retorno".

Que aldeia é esta em que me perdi?
Franz Kafka, O CASTELO

Para ***Pedro Vicente da Costa Sobrinho***, companheiro no sonho socialista, apenas prorrogado; para ***José Nêumanne Pinto***, a enorme fraternidade poética, sempre inesperada; e para ***Clau*** (Cláudia Cordeiro), a Décima Musa, este livro é dedicado.

A ordem fatal das coisas vivas

Mário Hélio

> *El veinticinco de junio/ le dijeron al Amargo/ ya puedes costar se quieres/ las adelfas de tu patio./ Pinta una cruz en la puerta/ y pon tu nombre debajo/ porque cicutas y ortigas/ nacerán en tu costado,/ y agujas de cal mojadas/ te morderán los zapatos./ Será de noche en lo oscuro,/ por los montes onantados,/ donde los bueyes del agua/ beben en los juncos soñados./ Pide luces y campanas./ Aprende a cruzar las manos,/ y gusta los aires fríos/ de metales y peñascos,/ porque dentro de dos meses/ yacerás amortajado.*
>
> Federico García Lorca

Um livro de poesia o que faz, além de comover, é atiçar a memória e a imaginação que peregrinam buscando analogias, associações de idéias, sugestões. Todas afastadas do que pensou o poeta ao compor os seus versos, mas úteis para estimular os "direitos do leitor" a que se referem os semiólogos. Ao ler este novo livro de Alberto da Cunha Melo, como não lembrar o "Romance del amargo", de Lorca, que virou música na composição de Pachón e na voz de Camarón?

Os versos de Lorca são daqueles de que não sai incólume nenhum leitor a quem a gravidade das coisas e o "sentimento trágico da vida" tocaram a carne como os seus próprios ossos. Os versos de Alberto da Cunha Melo respiram assim. Os melhores são justamente aqueles que não têm nenhuma piedade do leitor, que não querem niná-lo nem comovê-lo. A novela *Pedro Páramo*, de Juan Rulfo, é outro exemplo do incômodo e intolerável em forma de literatura. A meio caminho da leitura, o leitor se dá conta de que todos estão mortos. Esse mesmo *frisson* pode atingir algum leitor desprevenido desta *Meditação sob os lajedos*. A começar pelo título, todos os poemas são — mais do que uma elegia — uma meditação sobre a morte. Ou melhor dizendo: sobre a vida e a morte na condição de coisas sinônimas. Não há dúvida de que este e o conjunto dos octossílabos de *Poemas anteriores* são a obra máxima de Alberto da Cunha Melo. Ao meditar sobre a morte, está simultaneamente refletindo a condição do poeta, como no impecável "Casa vazia":

> *Poema nenhum, nunca mais/ será um acontecimento:/ escrevemos cada vez mais/ para um mundo cada vez menos,// para esse público dos ermos,/ composto apenas de nós mesmos,// uns joões batistas a pregar/ para as dobras de suas túnicas,/ seu deserto particular,// ou cães latindo, noite e dia,/ dentro de uma casa vazia.*

Os *topoi* animais, as alegorias bíblicas, os prenomes de mulheres são usados pelo autor, em todos os seus livros de poesia, para explicitar a realidade nua e crua de que se nutre a sua arte. Ninguém encontrará em Alberto da Cunha Melo os mimos da transcendência. Toda a sua poesia é uma vigorosa homenagem ao imanente, a começar pela palavra Deus (ou deus), um títere da natureza e do destino. No poema citado, por exemplo, o único elemento que poderia indicar a transcendência, a verticalidade de "túnicas", é suplantado por símiles do horizonte: *deserto, ermo*. A própria casa representa, obviamente, o duplo de verticalidade e horizontalidade. Desse jogo (vertical, horizontal, imanente, transcendente) e, sobretudo, da inter-relação entre microcosmo e macrocosmo compõe-se todo o conjunto de textos deste novo livro. De modo mais específico e mesmo correndo o risco de parecer forçada a aproximação, lembramos que termos que aparecem com enorme freqüência na obra (*sol, terra, céu*) — símbolos cósmicos — são fundamentais nos *Vedas*. Como informa Julia Mendoza Tuñón:

> Os cantores do RV adoram deuses que não são mais do que elementos naturais deificados, astros ou elementos primigênios e essenciais do cosmos (*Surya* 'Sol' e *Ushas* 'Aurora', *Dyavaprthivi* 'Céu-e-Terra', *Apas* 'Águas') [...] Assim, pois, as linhas que levam às divindades abstratas, isto é, à consideração da divindade como a personificação das forças imanentes, criadoras e constituintes da natureza, parece proceder nos inícios da especulação védica de duas direções diferentes: a especulação cosmogônica e cosmológica, que leva a considerar a origem única do mundo e adorar sua essência como divina (da qual derivam hinos dedicados a conceitos abstratos e, antes que isso, deuses ou seres que personificam o Criador que é, por sua vez, o Primeiro Princípio e essência única da Natureza), e a divinização de elementos do ritual, baseada no muito antigo culto ao fogo, adorado como elemento cósmico que representa e compendia a Ordem (R *tá*) e a conserva e restitui por meio do ritual.

Mesmo não sendo direta (talvez nem indireta) essa vinculação do poeta com o *Rig Veda*, é legítimo estudá-lo dessa perspectiva, considerando a importância que assume o conceito abstrato de Palavra (personificada em *Vak*) e os deuses pessoais, *Brihaspati* e *Brahmanas pati* (que personifica a Oração). Os dois primeiros livros de Alberto da Cunha Melo — *Círculo cósmico* e *Oração pelo poema* — encenam e dramatizam Palavra e Oração, ambas no sentido mais imanente, o da consciência. ("Depois da morte não há consciência, assim o proclamo", disse Yajna-valkya.) É possível pensar a consciência desvinculando-a da fatalidade que parece haver marcado para sempre a existência humana? Encontrará na morte o homem a libertação? Será possível também ser livre na vida?

Numa entrevista concedida a Léo Gillet, em Amsterdam, no dia 1º de fevereiro de 1982, o filósofo romeno, de expressão francesa, Emil Cioran, disse, com a lucidez feita de vinagre, ácido e pedra que lhe era peculiar:

> O problema da liberdade é muito simples, de um ponto de vista filosófico: somos livres, temos a falsa ilusão de liberdade, nos gestos aparentes. Mas, no fundo, não somos livres. Tudo o que é profundo nega a liberdade. Há como uma fatalidade secreta que dirige tudo. A palavra alemã que expressa isso muito bem é *Verhängnis*. Há um livro cujo título me fascinou e dominou minha juventude, é um livro ruim, desgraçadamente, mas cujo título é extraordinário: *Bewusstsein als Verhängnis* (*A consciência como fatalidade*). O autor foi um jovem que se chamava Seidel, que, depois de escrevê-lo, se suicidou. Mas duas coisas sobreviveram a ele: o seu suicídio e o título.

Não parece que o poeta Alberto da Cunha Melo seja tão fatalista quanto Cioran ou que tenha como este a obsessão do suicídio, mas a sua poesia é o melhor exercício já tentado em poesia no Brasil sobre o problema da liberdade associada à consciência e à fatalidade. Em cada um dos seus textos está sempre representado o drama da relação do homem com o outro, consigo mesmo ou com o destino (tenha este o nome de Deus, Sorte, Azar, Fatalidade ou qualquer outro que se queira).

O trabalho do poeta não é o do sonho, e sim o de flagrar, expor os estertores de um ser em permanente agonia. A vantagem ou a desvantagem do autor é que essa experiência do ser em pedaços não foi retirada dos manuais de filosofia, mas da realidade mesma ou, para dizer de modo mais apropriado, de sua própria carne. A carne de um poeta é sempre o seu próprio manto de Dejanira. Lendo estes novos poemas de Alberto da Cunha Melo, quase inevitável será pensar também no que escreveu Albert Camus a respeito de Louis Guilloux:

> Por ter tomado lições da necessidade, esse grande escritor aprendeu a julgar sem embaraço o que é um homem. E adquiriu, ao mesmo tempo, uma espécie de pudor que parece pouco partilhado no mundo em que vivemos e que sempre o impediu de aceitar que a miséria dos outros possa lhe servir como escada, ou que possa lhe oferecer

motivos pitorescos. D. H. Lawrence freqüentemente relacionava o que havia de melhor em si mesmo e em sua obra ao fato de ter nascido numa família de mineiros. Mas Lawrence e aqueles que se assemelham a ele sabem que, se podemos conferir grandeza à pobreza, nunca poderemos justificar a escravidão que a acompanha.

Tomando tais lições da precariedade da vida — no sentido cósmico e humano — Alberto da Cunha Melo pôde criar uma espécie de metafísica do cotidiano feito de agonias perpétuas. Cabe dizer que a altura de sua voz difere muito daquela prefigurada em versos famosos de Ribeiro Couto — que não gesticula nem se exalta, porque é toda muda, mesmo considerando-se que o próprio ACM a tenha colocado como epígrafe de um de seus livros. No seu caso, há gritos, sim, e gestos. Os gritos não são os desarticulados dos expressionistas, mas dos que se sabem marcados *pelo morrer* (mais do que *para morrer*). No entanto, caberá talvez antes comentar mais detidamente a melancolia corrosiva dos seus anti-hinos e sublinhar que essa luta pela vida, na sua poesia, aparece com a mesma força daquela "luta mais vã" do poema de Drummond. Lutar com palavras foi a principal herança deixada a ele por seu pai, também poeta, Benedito. Uma desdita de geração a geração.

O tema do *desdichado* não é novo na literatura. Quem o cantou melhor na modernidade foi Baudelaire, mas contribuiu para ampliá-lo Gérard de Nerval. Sem falar no belo ensaio de Kierkegaard, que conta de um epitáfio na Inglaterra, onde se lia a simples expressão: "O mais desgraçado". O filósofo dinamarquês concluiu que: "A dor dos indivíduos desgraçados na esperança nunca chega a ser tão grande como o que sofrem os que são desgraçados na recordação. A desilusão dos primeiros sempre é menos cruel. Por isso o ser mais desgraçado sempre deverá ser procurado entre aqueles indivíduos que são desditados na forma de recordação".

A possibilidade de encontrar um ser que reúna os dois tipos de desgraças também é estudada por Kierkegaard. Ler todo o seu ensaio é um exercício dos mais interessantes para compreender os princípios da poesia não somente desta *Meditação sob os lajedos*, mas de toda a obra de Alberto da Cunha Melo.

Será algo ocioso dizer que, junto com essa imagem da realidade insuportável, termina-se por criar uma imagem estereotipada do poeta que, em Baudelaire, aparece como um albatroz a quem os marinheiros entopem o bico de fumo. Na mesma esteira, Verlaine criou a célebre categoria de poeta maldito, sem saber que definiria a condição da maior parte dos poetas de real mérito no futuro. Todos antiolímpicos, todos pessoas da tabacaria-mansarda, "ainda que não morem nela". Todos anti-Goethe e já não freqüentando corte nenhuma, mas os bares, as feiras e outros templos do anonimato. No fim, tudo nesse campo existe para dar alguma razão a Vigny: o poeta não tem lugar em nenhuma sociedade. Alberto da Cunha Melo sabe disso e criou toda a sua poesia mostrando que sabe disso.

Pouco depois de publicar *Círculo cósmico* — obra de estréia — lançou *Oração pelo poema*, e com este título definiu uma tendência da sua poesia, ou mesmo um seu gênero: meditação, evidentemente muito distinta daquela meditação sobre o Tietê de Mário de Andrade. Agora o seu círculo se amplia com *Meditação sob os lajedos*. Não há apenas um nexo formal e causal entre os dois livros (*Oração*... e *Meditação*...), há outro de mentalidade, uma espécie disfarçada de filosofia em forma de verso. A vocação aforística nos seus primeiros octossílabos continuou nos *Poemas à mão livre*, se ampliou em *Carne de terceira*, não arrefeceu em *Yacala* (poema narrativo) e mais se acentua agora.

Há uma evidente unidade entre os poemas octossilábicos e os que se denominam à mão livre. Entre os da chamada fase formalizante do poeta e outros que, na falta de melhor expressão, apareceram como versos livres, isto é, sem métrica e sem rima. A ausência de métrica e de rima é pouco relevante, porquanto o que marca a retórica de ACM é a respiração, o ritmo, o pensamento. Seria interessante, porém, que o autor escrevesse um livro usando toda a estrutura nova que criou (quarteto, dístico, terceto, dístico), mas sem rimas, como o fazia com os octossílabos. Aliás, sobre esses aspectos puramente formais cabe dizer que, no desenvolvimento de sua obra, o autor ora privilegia a rima (o que o vincula a uma tradição latina), ora a aliteração (mais valorizada pela tradição germânica). A insistência na rima e nos versos curtos talvez sirva para aproximá-lo do universo da poesia popular.

No primeiro poema de *Meditação sob os lajedos*, encena-se a distância, a perda e a impossibilidade de evasão. Não é o aeroporto (que dá lições de partir) do conhecido poema de Bandeira, nem a angústia do personagem de *América* (de Kafka) que esquece a bagagem no navio. É a angústia do sonho ou esperança referida na desgraça estudada por Kierkegaard, que sempre terá como fruto o desengano, pois a vida é mais insuportável do que a morte. Não deixa de ser sintomático que esse primeiro poema seja o único em que a morte não está referida de modo explícito (a viagem, a alma, a perda são associações não tão diretas quanto parecem). Mais vinculada ainda está à angústia, ao temor e ao tremor do dinamarquês. A memória funciona como centro da angústia e da desdita, e nem deus nem o paraíso perdido da infância conseguem diminuir o peso titânico do tempo. Um dia, a lembrar-se de Medéia, é o bastante para qualquer desgraça.

No lugar do aeroporto (aqui o espaço é mais amplo, desértico e angustiante: o macrocosmo do aeroporto ou do céu sabe doer mais do que o microcosmo do avião) tem-se, no poema seguinte, o navio "atropelando o próprio porto" (porto/aeroporto: o paralelo é perfeito): ambos são lugares de transição e passagem. Mas a personagem central não é o tempo, nem a espera, nem o desengano, mas a palavra e o seu poder de destruição — não de construção, como o Logos que se faz carne: "Sabe matar pelo distrito,/ sem deixar marcas do delito".

Os poemas seguintes continuam a refletir os problemas da palavra, da poesia e de suas orações, e começam a aparecer os termos que, por excelência, definirão as estratégias deste livro: *lágrima, sol, sombra, espaço.* Em "Lição de casa" (note-se a associação possível com "Casa vazia" e com "Aeroporto", que também trata de um dia desditado ou "maldito", como maldita é a literatura), repetem-se *lágrima e sol*, representado aqui positivamente com a *dor*, como a *lágrima e o sal* — o seu diminutivo (*sal* está para *lágrima* como *lágrima* está para *mar*).

A maldição da palavra e da mimese é ainda mais exacerbada nos poemas seguintes: "Falar, falar" e "O desenho". Em "Ars, artis, arte", os problemas da imanência e transcendência (ou de modo mais preciso, materialização e abstração) encontram, além de *infinito, eternidade, deus, espaço*, um símile mais precioso — o *mar*. Novamente irrompem a mimese e a condição desditada da arte e dos artistas (todos eles, poetas, escultores ou pintores, passíveis de *hybris* e condenados), que reaparecem sintetizadas como trabalho de mera vaidade.

Em "Rodin", isso está posto também, mas de modo mais sintético. O *mar* — última palavra do texto anterior — está sintetizado numa simples *lágrima*. O texto seguinte, "As moscas", continua o ciclo do bestiário particular do poeta (de todos os bichos referidos, apenas dois (cão e gato) não são alados ou não têm vocação volátil, quase inorgânica. Os demais são moscas, abelhas, pombos, pardais, galos. No caso do poema dedicado a Kafka, o inseto serve apenas aos propósitos da alegorização cotidiana e crítica que marca o autor. Poema a poema, todos, sem exceção, discutem vida e morte. O cotidiano mastiga e dilui o transcendente, numa implacável e precisa meditação, como se cada poema fosse mesmo um epitáfio, não do poeta, mas da condição humana ou, para usar sua expressão: "da ordem fatal das coisas vivas".

Nota do autor

Certa vez, um ex-amigo me censurou o hábito de escrever "notas do autor" para a maioria de meus livros. Seria justa sua censura caso as notas objetivassem convencer inutilmente alguém de possíveis qualidades expressivas dos meus textos, e não apenas satisfazer a curiosidade de leitores que, como eu próprio, se interessam por conhecer algo do processo de criação e organização dos livros que lêem.

Os livros de poesia (e não só eles) são como viagens, umas com roteiro certo, como as dos homens de negócio e as dos turistas, e outras sem rota determinada, como as dos aventureiros. Ao primeiro tipo, o de viagem planejada, pertence, por exemplo, meu último livro, ***Yacala***, um poema narrativo. Este que o leitor tem nas mãos pertence ao segundo tipo, e a angústia do personagem perdido, da epígrafe de Franz Kafka, o explicita muito bem.

Assim como o agrimensor kafkiano fez várias tentativas para chegar a um Castelo não muito bem definido na bruma, cada um destes poemas foi também uma tentativa de chegar a um lugar desconhecido, sem endereço. Esse lugar ou esse Castelo pode ser a perfeição artística e a aldeia, meu próprio universo, que se vai tornando estranho à medida que tento penetrá-lo com mais profundidade.

No entanto, a aldeia do agrimensor e a minha aldeia nada têm a ver com a "aldeia global" do senhor McLuhan, a da homogeneização tribal. Nossa aldeia, como diria o grande místico Huberto Rohden, é o próprio universo, uno e verso, uno na essência e diverso nas suas manifestações existenciais.

O agrimensor de Kafka não conseguiu chegar ao seu Castelo, nem sequer realizar o trabalho que pretendia, delimitar o seu território, assim como eu sinto não ter chegado ainda "àquele poema", nem mesmo ter alcançado meus últimos limites.

Para os que se interessam em saber o que, no plano das intenções estéticas, almejava o autor, eu diria que é dar continuidade ao que o poeta Bruno Tolentino costuma chamar de "poesia do pensamento". No meu caso, isso corresponderia ao ato de confeccionar peças únicas, como uma canoa indígena cavada no tronco de uma árvore, sem encaixes, sem colagens. Tentativa de arte enquanto expressão singular da essência cósmica, ou, menos enfático, de raciocínio lírico compacto.

Olinda, 5 de janeiro de 2001

Embarque

Aeroporto

Tempo gigantesco é um dia
para quem perdeu a viagem,
o endereço para onde iria,
seu bilhete, sua bagagem,

para sua alma não vadia
tempo gigantesco é um dia

para quem sonhava distância
da própria história e não consegue,
sem asco, lembrar-se da infância,

mesmo com Deus por companhia,
tempo gigantesco é um dia.

Anáforas

A palavra sabe doer
quando esfria o sangue no rosto,
assim de surpresa, navio
atropelando o próprio porto;

sabe degolar a sereia;
chamar de gorda a moça feia;

sabe emudecer os aplausos
que aconteceram anteontem
depois de décadas de atraso;

sabe matar pelo distrito
sem deixar marcas do delito.

Casa vazia

Poema nenhum, nunca mais,
será um acontecimento:
escrevemos cada vez mais
para um mundo cada vez menos,

para esse público dos ermos
composto apenas de nós mesmos,

uns joões batistas a pregar
para as dobras de suas túnicas
seu deserto particular,

ou cães latindo, noite e dia,
dentro de uma casa vazia.

Fragmento de uma poética

Não desejar este cristal
de geométrica beleza,
lágrima congelada, sol
viúvo da sombra, esta acesa

volúpia de lavar o espaço
da lama viva dos teus passos;

não suplicar em tuas preces
pelos lírios de luz e vidro
que não cheiram nem apodrecem;

aquém e além é cedo ou tarde:
teu limite é tua verdade.

Lição de casa

Terminado o maldito dia,
e lá vem a literatura,
oportunista, faturar
metáforas desta amargura;

saturar de sal uma lágrima
que não seria derramada;

e lá vem seu jeito vaidoso
de não sofrer como os demais
e reinar no fundo do poço,

quando a dor pura, mais solar,
abre as portas para gritar.

Falar, falar

Se conviver é conversar,
este falatório sem pausa,
onde o silêncio é mais temido
que palavrão dentro de casa,

faz da vida inteira um entulho
de vozes de bar, de barulho;

neste metralhado lugar
tão atulhado de palavras
que não se pode caminhar,

onde do corpo só a paz
do amor calado satisfaz.

O desenho

Como a tentar reconstruir
o semblante de um criminoso,
desenhava, diariamente,
no mesmo horário, o mesmo rosto,

e, embora não ficasse mal,
sempre o rasgava, no final;

mesmo perfeito, o rasgaria,
porque a gana de refazê-lo
continuava, no outro dia,

como se o que buscasse, então,
não fosse mais a perfeição.

Ars, artis, arte

para Huberto Rohden

Abstratizar a matéria
ou materializar o abstrato
é a forma de, toda vaidosa,
a arte posar para um retrato

que a revele, sem fantasia,
como de Deus a última cria,

neste espaço sem extensão
do Infinito, e na Eternidade,
este tempo sem duração;

e sua vaidade? vai findar
estátua submersa no mar.

Rodin

No seu estúdio, dava peso
ao leve e leveza ao pesado;
dava abstração ao concreto
e concretude ao abstrato;

seu sonho velho ou sua meta
era o de modesto poeta

que não quer apagar Homero
e outras montanhas de seu mapa
e começar tudo de zero;

como um poeta ou uma lágrima
na pedra dura da palavra.

Compulsão

Se jamais gostou de escrever,
já não sabe por que escrevia,
ou continuava a escrever
esta coisa sem serventia,

este verso antigo e simplório
feito rubrica de cartório;

mas, ah!, ele aprendeu agora
que foi seu jeito de acenar
quando a alegria foi embora,

de chamá-la, depois de ida,
como quem chama a própria vida.

Na aldeia

Rupestre

A luz acende e apaga as cores
desta fragílima floresta,
mas faz alto diante da rocha
nascida em cores, dessa fresta

onde a luz bate e reverbera,
como a pupila da pantera

devolve ao susto essa faísca
concentrada de azuis letais,
apagando a luz inimiga:

mas tudo vive e é cosmo puro,
asa de inseto no monturo.

As moscas

para Franz Kafka

Ninguém se livra, facilmente,
de um comissário de polícia,
como quem tange, displicente,
aquela mosca na camisa;

mas com gestos suaves, de moça,
tange-se, aqui, um homem-mosca;

basta, às vezes, silenciar,
e ele se arrasta, já sem asas,
para bem longe deste bar:

que o verbo aqui se faça carne
antes que seja muito tarde.

Trópico

para Ferreira Gullar

Quando tua alma, sob o sol,
torna-se rasa, se dispersa
sem seu centro, sombra de abelha
a se apagar sobre uma pétala,

é que a mais doce epifania
se apura na colméia fria,

ali, no outro lado da terra,
onde o corpo da moça branca
nada conhece dessa espera

estranha, pelos céus cinzentos,
quando atacados pelos ventos.

Tocaias do mal

Devasta sempre devagar,
como quem está construindo,
como a noite recolhe o último
resto de réstia em dia findo,

sempre sem pressa se derrama,
onda arrastando-se, de lama,

para as cisternas, os baixios
daquelas almas sem socorro,
onde o amor deixa seu vazio,

que hospedará, neste verão,
o Mal e sua legião.

Terapia solar

Quando o doente terminal
que alguém levou à beira-mar
esperava a manhã, o sol
demorou muito a despontar;

mas quando raiou no horizonte
do grande mar, ali defronte,

deslocou-se tão lentamente
quanto o enfermo, na sua maca,
agarrando-se à areia quente,

porque a morte, naquele dia,
o aguardava na enfermaria.

Saque & massacre

No esplendor da força, este sonho
de incontrolável desperdício,
esta enganosa eternidade
feita só de tempo perdido:

na época da capinação,
uma festa de outra estação

abafa todos os massacres
no território feito herança
sucessiva de antigos saques;

enquanto as almas mais divinas
jogam dominó nas esquinas.

Promiscuidade doméstica

O indecoroso acompanhar
das rugas e gorduras do outro,
e sempre os olhos vasculhando
cáries e verrugas no corpo,

na mais estúpida nudez,
a não desejada, a prenhez

da vergonha imemorial,
que termina por abortar
o anjo caído, no quintal

onde, não se vendo, as raízes
envelheceram mais felizes.

Parque 13 de Maio

As pupilas velhas disparam
seu rancor nos jovens casais,
que se abraçam no parque em festa
por entre pombos e pardais;

pálidos de ressentimento,
aqueles anciãos se sentam

vencidos, nos bancos de pedra,
enquanto a noite, muda arqueira,
já lhes aponta a negra flecha,

por não saberem, na partida,
que obscena é a morte, não a vida.

O penitente

Sempre rezava, antes do sono,
uma a uma, as longas preces
decoradas, desde menino
sem horizontes do Nordeste;

só para si, sempre em surdina,
cantava antigas ladainhas

pelos próximos, os distantes,
ex-amigos, ex-inimigos;
cantou até aquele instante

em que o céu surdo o convenceu
a dizer, apenas, "meu Deus".

O filho do fim

Enquanto a aventura do amor
distraí-lo do temporal,
o filho do fim, sem saber,
demora a sentir-se mortal,

mas se a morte surge-lhe, acesa,
a vida muda o prato, a mesa,

e o filho da voracidade,
como a criança come um doce,
vai comendo a imortalidade:

o céu possível, sua essência,
é só morrer nessa inocência.

Nuvens de pó*

Onde, amor cego, surdo e mudo,
brisa sem folha, enlouquecida,
braços de Deus na correnteza,
amor da vida pela vida,

amor de coisa por seu nome,
amor do homem pelo homem,

onde te encontras, nesta hora
de alta pressa sem endereço,
quando a alegria se evapora?

talvez nas nuvens passageiras
de pó, a formar cordilheiras.

* Título de livro de Benedito Cunha Melo, meu pai.

No Hotel América

Cruzam-se aqui uns condenados
com suas faces de sessenta:
nunca se viram, pouco riem,
e alguns, com pastilhas de menta,

tentam disfarçar o conhaque
rotineiro contra os achaques;

quando às vezes se cumprimentam,
evitam olhar-se nos olhos
que, como barragens, sustentam

águas e adeuses de um lugar
que não pretendem revelar.

Neste incerto lugar

O essencial é assustadíssima
e soberba ave, como um galo:
só duas mãos, dentro da treva,
sem ruído, podem pegá-lo

ou surpreendê-lo nas ruínas
do ser, nas vazadas retinas

dos natimortos, nos verões
sem fim da terra saqueada,
onde os que tiram nada põem,

onde uma vida, por mais breve,
dura sempre mais do que deve.

Nem sobrados, nem mocambos

para Gilberto Freyre

Nasceu no tempo dos doutores,
cercado de paredes finas,
para que o baixo sol do trópico
grelhasse as almas mais franzinas,

empilhando-as nestes caixotes,
nestas prateleiras da morte,

todas nos bairros populares,
primos dos fornos crematórios,
não dos mocambos, não dos lares,

mas onde em jarros nas janelas
gritam as flores amarelas.

Natal de 1999

Longe do Olimpo, um deus nascia
roxo, a gritar, como os humanos,
um deus sem flâmulas nascia
para os perdidos e os insanos;

nada tinha do deus heleno
o deus menino sobre o feno,

era um deusinho de brinquedo
no quintal do Império Romano,
era o deus do povo com medo,

um deus sem sorte, palestino,
e sem teto, desde menino.

Mortes

Esta morte demora tanto,
gasta-se tanto, pela estrada,
que, à sua chegada, parece
não ter morrido quase nada;

aquela é só rastro escarlate
de algum monótono desastre;

esta outra está sempre no horário,
bate seu ponto e vai embora
como passivo proletário;

mas todas deixam sempre o seu
jeito de que nada morreu.

Odes ao cinza

I

Tempo bom é tempo nublado
e de chuva, dias inteiros;
sangrando aqui muitas barragens,
enchendo ali muitos barreiros,

e dos raios de sol, ausentes,
depois de inchadas as sementes,

gigantescas sombras das asas
de anjos guiando as frentes frias
sobre as lavouras, sobre as casas,

onde camélias cor de vinho
se abrem nas coroas de espinho.

II

Vocês do frio nunca entendem
que o inverno é o nosso verão,
e no mais úmido de nós
toda água é sonho, salvação,

o melhor de Jorge de Lima
é Zefa em lágrimas, neblina,

meu avô solto no terreiro,
todo molhado, madrugada,
a enxada no punho guerreiro,

é minha terra no dilúvio,
longe de todos, e de tudo.

III

Quando ondas e ondas sucessivas
de chumbo lajeiam o céu,
uma alegria muito cinza
vai-se chegando à cor do mel

dessas terras tão encharcadas
pelas lágrimas atrasadas

de certo deus correndo atrás
de suas ovelhas perdidas,
perdendo todas as demais,

dessas terras que, ardendo tanto,
fervem na face nosso pranto.

IV

Nas regiões de terra velha,
cheias de rochas e cascalhos,
nos rostos e açudes vazios
abrem-se fendas, como talhos

quentes das febres ancestrais,
onde a maleita avança mais,

o sonho de água sobre a serra,
de água nas várzeas e nos brejos,
de água afogando, pela terra,

duna por duna, este deserto
de Deus, que nunca está por perto.

V

Não grassa aqui o frio da morte;
morre-se em brasa, de estupor,
sob o céu sem misericórdia
deste azul ameaçador;

e nestas dunas, sem camelos,
galopam só os pesadelos;

pisando o pó das esperanças
entre branquíssimas carcaças
dos zebus, o deserto avança:

sob o azul belo mas vazio,
nas areias somem os rios.

VI

Amar o cinza, essa indecisa
cor entre o nada e a escuridão,
a tonalidade imprecisa
do vômito, do último não,

é amar a sombra nos retratos
e o vôo das moscas sobre os pratos;

é ter piedade do nada,
do chão, da lágrima suja,
do pardal morto na calçada;

é amar, também, aquele incerto
céu de chuva sobre o deserto.

VII

Aqui, o céu seria um mar,
mar de águas doces, cristalinas,
em cujas margens um pomar
floresce sob as neblinas

e o sol celeste só seria
fotossíntese da alegria;

nestas águas celestiais,
iluminadas por relâmpagos,
deusas das chuvas, as vestais,

anjos-da-guarda dos vaqueiros,
lavam as asas nos terreiros.

Livro de história

Curvado, a limpar suas lanças
sob o pardo toldo espartano,
do céu flamejante protege-o
inflamável teto de pano;

assim, um guerreiro de Homero,
da ilustração do livro velho,

ficou gravado nas lembranças
das incontáveis gerações,
a limpar o sangue das lanças,

enquanto em chamas o céu arde
como um guerreiro de verdade.

Gorduras daqui

A metade gorda do mundo
senta-se no ônibus e expulsa
a companheira de viagem
que acreditava estar sepulta,

e ela soluça, alma perdida,
em pé, lá no meio da vida,

enquanto a outra, a tal metade
mais gordurosa deste mundo,
chega ao destino, nesta tarde,

em que uma seca palha humana
só de esperá-la já se inflama.

Futuros

Quando o futuro foi-se embora,
com seus cumes, suas escadas,
ele continuou a sorrir
delicado em sua desgraça;

algum livro, às vezes, relia,
se aberto pela ventania;

ah, quem manteve esse sorriso,
raiz pulsando entre os destroços
deste gorado paraíso?

ah, que sino lá dentro toca,
já esquecido da derrota?

Fins não anunciados

Quando os prazos forem vencidos,
deves rasgar todos os planos
e entrar na festa, a fantasia
de transcendência dos humanos:

este fim de prazo não foi
anunciado, nem depois

que o amor deu sinais de cansaço
numa noite comum, a noite
de lua e pão nos seus espaços:

quem finda esses prazos na vida
não bate em portas explodidas.

Filhos do Norte

Durante toda falsa infância,
caíam dos céus chuvas demais
na terra inteira e, agora, quando
deve chover, não chove mais;

meninos sujos, nessa rua,
brincávamos com a lama crua;

quando anoitecia de vez,
dentro do copo de café
molhávamos o pão francês;

lá fora um deus, por trás de um muro,
devorava nosso futuro.

Feira de Jaboatão, 1950

Era o prato alto de feijão
com farinha, baixa etiqueta;
numa porção de bife ao molho
rubra pimenta malagueta;

sob a tenda de lona dura
o essencial é uma fartura;

Deus tratava aquele inocente
com esse luxo da ignorância
que não vê nada diferente,

com pura alegria animal
que faz da vida o menor mal.

Extrema-unção de Luzia

Pelo temor da eternidade,
perguntaste ao teu confessor
por que a existência sempre fora
desperdício de tanta dor,

por que a morte, tão esperada,
não era céu, não era nada,

e chegava naquele dia
de chuva plena no roçado
de feijão-de-corda, Luzia,

quando molhado, o amor guerreiro
dançava, aos gritos, no terreiro.

Extrema-unção

Vive demais a vida, às vezes,
e por tanto tempo rasteja,
como arrastada por seus vermes
uma apodrecida cereja,

que antes de pó, mesmo de lodo,
prende-se ao ralo deste esgoto;

e quanto mais se pensa finda,
não importando a sua idade,
vem animá-la a dor: ainda

tenta agarrar-se à carne viva
como incansável parasita.

Dinheiro

Agora é como o ar e, como o ar,
quando não falta, não se sente;
mas arma em volta uma atmosfera,
uma saúde diferente

que atrai para si as vontades
gordas, súplices plumagens,

a apoteose e não a prece,
numa dourada abstração
que do seu vácuo se abastece,

que de si mesmo, do vazio,
fez-se deus, quando o outro partiu.

Deveres e virtudes

Teu dever apodrece as iscas
no sábado de pescaria,
risca o CD do teu Vivaldi,
quando o domingo principia,

é seletiva maldição
caindo ao leste do Sião,

a vida toda compulsória,
marcha forçada para o nada,
pano de fundo desta história

que faz, agora, menos rude
da escravidão uma virtude.

Crônica

Plantou mascarados adeuses
e matou-se num dia assim,
de um sol assim, nada especial,
quando o cão danado, um mastim,

ladrava na sua mansão,
a mais alta do quarteirão,

onde a amada, na sua esteira,
mais borracha punha no corpo
para o encontro de quarta-feira,

indiferente ao estampido
de bala, entre tantos latidos.

Condensar/concertar

A vida aqui fala bem claro,
mas sem a eloqüência da lágrima;
como a renda, como a poesia,
é uma linguagem concentrada;

é cloro na água da piscina
da cobertura, lá em cima,

onde Clara, uma pós-donzela,
posa nua para o helicóptero
que faz evoluções sobre ela;

e a luz do sol, como toalha,
só existe para enxugá-la.

Coma

I

Desenganaram-no tão tarde
que seu amor foi descansar;
mas ele estava muito longe,
milhas e milhas, no alto-mar;

o monitor, junto da cama,
como um sismógrafo, acompanha

a breve química da carne
acomodando-se, montanha
a desmanchar-se pela base;

ele? bem longe deste asfalto,
milhas e milhas, no mar alto.

II

Como é raro morrer dormindo,
sempre costuma aparecer,
antienfermeira, uma agonia
sob as luzes do amanhecer;

vem reduzir a agonizante
quem sonhava, no último instante,

estar fisgando o seu merlim
no mar azul, a muitas milhas,
nas primeiras férias sem fim;

vem cortar a linha, no mar,
para sua dor começar.

Coivara

Aridez em todos os rostos
insones, nesta madrugada;
findo o pranto torrencial
que ensopava nossa mortalha;

não tarda o azul, trágico signo,
emoldurar o sol maligno;

não tardará raivoso monge
dos derrotados suspender
nossa viagem para longe;

agora a morte põe a mesa
e emudece nossa tristeza.

Cidade

Onde o dinheiro sempre falta
Deus sempre costuma faltar,
para que gritemos por Ele
sob o zinco do céu, sob o ar

cheio de gases de carbono,
onde só levita o abandono,

para que Deus se sinta vivo,
mas vivo de tanto faltar,
como o dinheiro prometido

ou nuvem prenhe quando, perto,
aborta fogo no deserto.

Campo-santo

I

Ali, certos restos mortais
são tratados como destroços,
quando desocupam as covas
para queimar todos os ossos;

covas rasas dos indigentes,
sem cruzes, sem flores e sempre

lá nos fundos do campo-santo,
aonde só vão uns passarinhos
pobres de plumas e de canto:

ossos de muitos na fogueira
iluminando a noite inteira.

II

De óculos escuros, entraram
no miserável cemitério,
e vestiam, sob a canícula,
as roupas pesadas do império;

mas era o enterro de Luzia,
sem turíbulo ou litania,

moça sem qualquer capital,
filha de sino de capela,
não de bronze de catedral;

de onde veio então a sombria
corte de estranhos que a seguia?

Blade runner

I

É tempo de morrer: as chances
não percebidas, se voltassem,
e agora fossem percebidas,
talvez no pranto se afogassem;

porque se foram as esperas
e os prazos longos; restam meras

oscilações arteriais
entre jornais não desdobrados,
cochichos, sombras e sinais

de que alguém (se alguém ainda te ama)
vai ficar ao lado da cama.

II

"Hora de morrer", disse o andróide,
um dourado ser ariano,
sentindo o tempo digital
de sua vida se acabando;

tempo de pétala, de pústula,
de pressa frívola, de dúvida,

destes fáceis jogos verbais,
coroas de lama e de louro
sobre os cabelos dos mortais;

hora de o ser voltar aos seus
eflúvios cósmicos de Deus.

Hospital público

Enquanto agonizas, assistem
aos Jogos Pan-Americanos
no refeitório do hospital,
e ninguém vem mudar os panos

molhados da última batalha,
manchas de sangue por medalha;

só o mais velho dos internos
vem-se arrastando até teu leito,
com o severo olhar dos cegos,

para conhecer, nesta tarde,
o dom da vida, quando parte.

Barômetro

O ar da treva, de massa negra,
poderia empurrar com a mão;
mas, se o tenta, inflama-se tal
uma parede de carvão;

sente-o nos ossos, incisivo,
como algum barômetro vivo,

e, num relâmpago de cores,
ou farinha de borboletas,
mostra, às vezes, seus esplendores:

as formas altas da aflição
dançam melhor na escuridão.

Ave ano 2000

Só agora sabemos, quando
outro século bate à porta:
tudo tocado pelo Homem
tem o cheiro de coisa morta,

e o som do réquiem, som da nênia
dos morteiros sobre a Chechênia,

e dos vagidos africanos
sobre as favelas tropicais,
som de escopeta de dois canos,

anunciando-nos, com susto,
que ainda impera César Augusto.

Aqui e agora

Trabalhas para viver um
dia, talvez, igual a este,
manter a textura da sombra
em que, por fim, te converteste;

teu trabalho prolonga, adia
o desenlace da agonia;

quando uma incerteza acalenta
teus meninos, dentro da noite,
ela consegue tornar lenta

esta matança, pobre filho,
de tuas bonecas-de-milho.

Após filme de Aldrich

"Vamos voar para longe, amor..."
disse Catherine Deneuve
a Burt Reynolds, o detetive,
quando nas trevas ele esteve,

mas o fim do século ainda
não tinha sua farsa finda,

e a esperança de amor vazava
manhãs por frestas das janelas:
de Deus a luminosa lava

ainda era o asfalto dos caminhos
onde pisávamos, sozinhos.

Adolescência

Em cada seio, esta energia
do sol mais tenso, mais contido,
faz da morte mera prosódia
de uma palavra sem sentido:

quanto mais viva, mais se engana,
pobre alma, pétala na lama,

que só no engano a gloriosa
lâmpada breve dos mortais
pensa brilhar mais que uma rosa

ou essa lasca de lajedo
que da eternidade tem medo.

A carcaça e a fé

Quando a força do corpo esfria
e assume a sobrepalidez,
voz interna vem aclamar
da imensidão a sua vez,

vem enganar a carne antiga
com alguma alma escondida

dentro do corpo devastado,
como se embala uma criança
quando o balanço está quebrado:

e algo na face se ilumina
como dois faróis na neblina.

Brasil, 1999

Atavismo dos deserdados,
esta falta de esconderijo
faz deles todos, mesmo em fuga,
alvos imóveis do inimigo;

são, como lêndeas entre as unhas,
abatidos sem testemunhas;

filhos de todos os desterros
a se esconderem, uns nos outros,
quando jogados nos aterros,

por não verem, a céu aberto,
tantos predadores por perto.

Metafísica do capital

O capital pirata invade
esses portos de poucas luzes,
quando apodrece a consciência
e a madeira de tantas cruzes,

metafísico e digital,
é a nova persona do Mal,

do Apocalipse sem o fogo
que previu o apóstolo João,
do suspiro de Eliot, do jogo

ou da competitividade,
que devasta o amor e a verdade.

Morte sob contrato

Sua morte, sob encomenda,
ajustada a si como roupa,
não *prêt-à-porter*, contra entrega,
mas bala a bala, gota a gota,

era, no entanto, igual à vida
que antes viveu, sob a medida

da ordem, da métrica demência,
a que distribui a matança
de acordo com a procedência

e o cadastro da freguesia
da morte, a crescer todo dia.

O *fã*

Entre teus íntimos demônios,
que conspiram sob disfarce,
o maior deve ser aquele
ali, que mais alto te aplaude

e vibra, quando o estéril ódio,
em júbilo, assume o seu pódio;

depois, dá foros de vitória
à tua longa passividade
de filho pródigo da História,

ou de outra coisa mais abstrata
e sempre impune, que te mata.

Orgasmo

Todo corpo, em seu esplendor,
divide em duas esta vida,
mas este êxtase existe mesmo
para ocultar uma descida

da carne, no único momento
em que do cosmo é instrumento;

truque do eterno é todo amor:
toca por baixo o fogo alto
que aquece o sonho ao sol se pôr,

porque logo devolve aos dois
o nada de antes e depois.

Paidéia, hoje

A fita métrica e a balança
na pupila, varando a rua,
a separar os transeuntes
pelas formas, pela gordura:

não mais medido este sol posto
que ainda luz atrás do rosto;

nem mais pesada aquela lágrima
que, entre rugas, alguma gota
de suor às vezes disfarça,

que até a pedra, o arvoredo
disfarçam, quando sentem medo.

Província

Só a certeza desse abraço
diurno, noturno ou vespertino,
vivo lá dentro, é uma alegria
pulando a corda do destino,

pois o Senhor faz maravilhas
de um amor que tanto se humilha,

amor de bruços ou de joelhos,
no escuro dessas redondezas,
sem cama oval e sem espelhos,

mas, enquanto aceso na carne,
como é dos grandes, ah, como arde.

Gentes e bichos

James Camerom

Os cavalos dos carrosséis
movimentando-se, no parque,
davam mais fogo às labaredas
que os cobriam, no fim da tarde,

quando a inocência se vestia
com as asas curtas da alegria,

asas de vôo tão limitado
que a não levaram para longe
do futuro recém-chegado,

com sua fúria, seus anéis
de fogo sobre os carrosséis.

Homenagem a Unforgiven

(e a Clint Eastwood)

Cuidando dos porcos, das crianças,
William Munny apenas era
aparentemente homem frágil,
mas de disposição severa;

então seu anjo, sua Cláudia,
falece um dia de malária;

e seu demônio lá desperta,
em sua treva interior,
vendo-o tão só e a porta aberta;

e ele regressa para a vida
que estava só adormecida.

O gato cinza

Um gato cinza, um certo gato
esmagado no calçamento:
os carros, passando por cima,
deram-lhe o aspecto, no cimento,

de massa amorfa e colorida,
uma nódoa, depois da vida;

mas o corpo achatado, ex-corpo,
pôs-se a secar, cinzenta mancha
só preservada pelo couro

de, possivelmente, algum gato
cinza, que morrera no asfalto.

Metamorfose

As borboletas são as flores
que, enfim, conseguiram voar,
mas vivem a rondar as plantas
como quem ronda o antigo lar;

há sempre, pelo ar, um jardim
de rosa múltipla e jasmim,

e há, talvez, a vontade enorme
em tudo de perder seu peso,
ter a leveza de quem dorme,

ser a lembrança no abandono,
ou luz de estrela se apagando.

Míriam

Com falso louro no cabelo
e vago cheiro de limão,
vais ao mercado, com teu corpo,
moeda de curta duração:

como a certas frutas suspeitas,
dedos te apertam, nesta feira,

os seios moles, tuas nádegas
cuja altivez se compreendia
há dezenove anos; sem paz

hoje, em teus olhos, pobre Míriam,
somente as lágrimas cintilam.

Melissa

A vida toda era ficar
sob uma marquise, sentada,
a mexer nos longos cabelos,
sua beleza mais intacta;

fazendo e desfazendo as tranças
de suas madeixas já brancas,

se passavam gentes e carros,
seus olhos baixos, no vazio,
só viam pontas de cigarros:

era uma sombra muito calma,
uma sombra virando uma alma.

Marina

Marina, dois anos doméstica,
marcou os patrões para sempre:
comia uma "farofa d'água"
com o charque assado, somente;

o dia inteiro, essa menina,
como novíssima neblina,

estava sempre em toda parte
com longos dedos invisíveis
organizando a brevidade

daquela casa tão cruel,
como se varresse seu céu.

Vida pequena

Este braço velho, engelhado,
é um braço de sessenta anos,
não disputa queda-de-braço:
se não esmurra os desenganos,

já sem força, mais leve abraça
o corpo amado nesta praça:

passou a vida maltratando
velhas máquinas de escrever,
e agora, já se aposentando,

braço de náufrago, ele acena
o adeus a esta vida pequena.

Café da manhã

Para Maria José Velozo de Melo,
minha mãe

Chegaram e pediram pão,
o pão dos simples, sem manteiga,
e duas xícaras de café,
na manhã calma, quase meiga;

era um casal de certa idade
vindo de longínqua cidade;

e todos viram, neste Norte,
que aqueles dois, no fim da vida,
naquela mesa de bar pobre,

não se pegavam nem beijavam,
mas como riam, como se amavam!

Luzia

Desgovernar-se é sepultar
sem flor a última alegria,
é encher de suspense e grito
a paciência de Luzia

que vai, do fogão para cama,
sete séculos por semana:

desgoverna-se quem injeta
no verde essa gangrena azul
que adoece o sangue da festa

e a dignidade da alegria
que, sob os escombros, luzia.

Heráclito

Não só o rosto de Teresa,
Teresa inteira e este arcebispo,
o fragmento do asteróide
Franz Kafka, tudo é irrepetível,

e a cada ano a Terra, doente,
circunda um sol bem diferente;

não há, pois, um plágio perfeito
desse vento vindo do nada
a erodir o chão dos eleitos;

e eis o castigo original:
ser impossível ser igual.

Garrincha

A fama, Fúria, esmaga aqueles
que só buscavam seu lugar,
que chegaram antes do tempo
ou demoraram a chegar;

feita de louros radioativos,
essa coroa dos cativos

da luz calcina o calendário
menor, o da vida em neblinas
de Deus, em contas de Rosário,

é o fim dos astros, estertores:
que só engorda os bastidores.

Crianças no semáforo

Meninos dopados, meninos
limpadores de pára-brisas,
cercando carros, sem saberem
o que fazer com tanta vida,

carros que rosnam nos sinais
contra os da frente, mais e mais,

contra esses bandos de garotos,
camisas enormes, nos joelhos,
como uns espantalhos sem rosto;

tudo isso diante dos sóis
e dos céus, diante de nós.

Cotó

No princípio, pensou-se em câncer
de pele, trabalho do sol,
quando sua chaga começou
a cobri-lo, como um lençol;

mas ela era tão colorida,
nem parecia uma ferida;

quando tornou-se luminosa
tatuagem de raios cósmicos,
ele brilhava na palhoça,

já notável pelo abandono:
é assim que nascem os anjos.

Colegiais

São todos eles imortais
e onde estiverem lhes transborda
voraz a vida, com seus volts,
sua guitarra de mil cordas;

tanta energia é uma cegueira,
manhã sem fim, a vida inteira,

até que a tarde se anuncia
ao primeiro tremor das mãos,
até que o corpo não sacia

mais o outro corpo e a noite eleva
sua alta parede de treva.

Top model

São horas e horas nos espelhos
para aumentar seu esplendor,
para que a atávica beleza
seja maior aonde for,

mas não vai longe, o colorido
dos *outdoors* é destruído

por uma luz muito maior
do que o brilho dos refletores,
a luz do tempo, a luz do sol,

e os peitos flácidos da musa
vão ter a terra como blusa.

Christopher Reeve

Tetraplégico o Super-Homem
de Nietzsche, o de brincadeira,
crianças do século sangrento
botam asas de bananeira

para voar sobre o telhado
daquele Apolo congelado;

quantos astros fogem da rota
para agora brilhar no túmulo
desta esperança natimorta?

já dobraram todos os sinos
do Super-Homem dos meninos.

César Leal

Pelo irmão Dante acompanhado,
em céus de escombros, céus antigos,
onde os enxames das estrelas
extraíam luz dos abismos,

o poeta das terras mortas
aos novos anjos abriu portas

enferrujadas pela sombra,
tocando alto seu "tambor cósmico"
contra a luz rastejante, contra

aqueles tempos tão mesquinhos
que cortavam rios e caminhos.

Cavalo de carroça

Em frente à loja, lá no Agreste,
um cavalo pende a cabeça
e espera, sob o sol a pino,
que alguma nuvem apareça

no céu forrado de correias
em chamas, como suas veias,

que as moscas deixem de boiar
na água cinzenta de seus olhos,
ou volte o dono a chicotear

esse corpo, essa coisa ruim,
pela estrada que não tem fim.

Bêbados de Olinda

Deus, essas trêmulas ovelhas
são as ovelhas mais amadas,
são as folhas mais indefesas
nas poças sujas das calçadas;

perderam a noção das horas,
essas amazonas de esporas,

a ferir os flancos dos pôneis
amarelos do Apocalipse,
que do pasto queimado somem:

luzes nos olhos do delírio
tremem muito mais que as dos círios.

A uma megera

Mal-amada que mal amou
fazia seu mal a varejo,
dando mau cheiro, mau humor
a todos, como um percevejo;

sem merecer sequer um tiro,
pela insignificância do estilo;

meio inchada, meio pamonha,
seu mestre, o Demônio, resolve
dar-lhe o castigo da vergonha

de rezar a Deus por um gato
morto, ao lamber seu retrato.

A uma formiga

Levo-te da mesa à parede,
cega luzinha temerária,
ó hipótese de uma dor,
sempre, sempre, desnecessária;

esmagar-te não dá remorso
e, por isso mesmo, me esforço

para afastar-te desta mesa:
meu poder de destruição,
garra de fogo sempre acesa,

não te poupará outra vez,
ó ser, minúsculo talvez.

A Quinto Horácio Flaco

À medida que envelhecemos,
as Milenas ficam mais belas
e, quanto mais belas, mais fogem
pelas campinas amarelas,

só nos restando murmurar
assim, com esta falta de ar:

adeus corpos da cor do chumbo,
do cobre, do enxofre, da pétala
rósea dos esplêndidos mundos,

onde o tempo finge-se enorme
e esmaga tudo quanto dorme.

Ana Vaz

De pássaros, pássaros nórdicos
parecem feitos estes ninhos
de sombra, estes teus arrepios
de penugens sob um carinho;

também nórdica a claridade
fantasmagórica da tarde,

alto ectoplasma de metal,
a curvar-se sob o governo
do teu coração tropical,

da metafísica do fogo
sobre o fácil, o fútil e o jogo.

A Lopes Gama

Garfando a lagosta, o ex-amigo
de olhos de vidro te difama,
com certa classe, com pesar,
como quem lamenta, ou quem ama;

duas garfadas adiante,
outro assunto no restaurante

já tomou conta dos convivas,
e tu saíste da berlinda,
da ordem fatal das coisas vivas;

mas lá fora, ao soar teu nome,
o que disse de ti não some.

À Egípcia

Era uma moça de subúrbio
e daquela beleza leve
que a menor pétala do lírio
às vezes tem, quando amanhece;

mas uma simples balconista,
sem os tiques de toda artista,

o que produzia um efeito
simplesmente devastador
a quem tivesse esse defeito

de sempre amar o belo puro:
esta Cleópatra sem futuro

A Bruno Tolentino

Conrad abraçou o tufão
e Bruno à voragem se inclina:
com o ar febril dos carmelitas
abre o hábito de Katharina;

embora lágrima ao relento
secando à porta de um convento,

não teme a eriçada pelúcia
de tantas onças recheadas
de papel-jornal e de astúcia;

tampa este abismo de opereta
com uma asa de borboleta.

Tota

É uma cadela de três meses
que pesa menos de dois quilos,
tem a cor cinza dos acasos
e a alma elétrica dos esquilos;

sua alegria é a da torneira
a vazar água a vida inteira,

do amor liberto, transbordando
da amostra-grátis de seu corpo,
sem nunca saber até quando,

da lição cósmica a emanar
do perdão úmido no olhar.

Mistério em Olinda

Aquele negro beija-flor
que, neste bairro, ninguém viu,
pela tarde inteira pousava
e voava daquele fio,

também negro, da telefônica;
e era janeiro, nesta atlântica

e empedrada praia do norte,
onde o beija-flor todo negro,
nesse estranho código Morse,

dizia, em vão, no entardecer,
o que nos ia acontecer.

O surfista

Equilibrado sobre a folha
que desliza como uma lágrima
pela face daquela onda,
a mais esperada, a mais alta,

ama esse instável chão do mundo
que lhe falta a cada segundo,

e as paredes de transparência,
que almas e corpos atravessam
ao sol da súbita inocência:

na praia, fêmeas o esperando,
como um presente do oceano.

Suicídio de André

Lá dos fundos desta fazenda,
ela só sai para a faxina,
para segar os ramos secos;
mas, certas vezes, se ilumina

no êxtase súbito da aurora
antecipada, como agora,

quando sua lâmina rebrilha
sobre o esplendor da adolescência,
cadela solta na matilha,

sobre o ex-menino, por castigo,
a desenhar o próprio abismo.

Romário

Para José Nêumanne Pinto

Até parece estar no banco
Romário, o perigo parado
do réptil, no chão do inimigo,
para algum bote inesperado,

com toda uma ética malandra
vai calando toda cassandra

que anuncia fogo no sonho
menor de um povo abandonado,
povo adiado, povo estranho,

que troca a inútil liberdade
pelo mais belo gol da tarde.

Quando Marta ficou sozinha

Quando a alegria foi embora,
Marta só ouviu o ruído
do vento forte na janela
e, no chão, estalos de vidro;

fechou a janela, a cortina,
e voltou à sua rotina;

não compreendia, nesse tempo,
que o reverso de uma alegria
não é a tristeza, é o silêncio;

e as semanas ficaram longas
e caladas, sombra após sombra.

Para João Cabral

Elegia com sotaque imitador

O diplomata João Cabral,
de profissão sendo estrangeiro,
fez da língua materna a casa
que faria, como engenheiro;

porque sempre morava longe
de seu deserto, de seu mangue,

sem notar que à biografia,
a que dedicava seu asco,
devia toda essa poesia

de cassacos e retirantes
mortos, sem o velório de antes.

No bar do Pepa

Com dois reais dentro da noite,
como ela irá atravessá-la?
inteira e triste sob o sol
ou estendida numa vala?

toda de preto está vestida,
já pronta para a despedida,

mas não sabe de que, de quem:
amigos e amigas ocupados
na sobrevivência não vêm

vê-la, não vão telefonar,
e Deus não bebe neste bar.

O apóstolo

Que fazia Manoel Caetano
toda noite naquele bar?
ia beber, sempre sozinho,
mas ninguém podia notar

que ele rezava, em seu cantinho,
pelo bêbado, seu vizinho,

a vomitar numa outra mesa,
pelo engraxate de dez anos,
já quando a noite perde a acesa

luz do Bolero de Ravel
e Deus já dorme no seu céu.

Professor Osório

A vida lerda, a morte rápida
eram toda a filosofia
do velho professor primário,
há quarenta anos, nesta vila;

mas a morte chegou-lhe torta,
lâmina cega, em sua rota:

tão devagar, no fio da vida,
nova Penélope a tardar
o seu bordado de ferida,

que ele gemia à luz da vela,
quando Ela entrou pela janela.

Pardais

É muito difícil fazer
um poema sobre os pardais,
porque são eles tão comuns
e tão todos e tão banais,

tão miseráveis passarinhos,
com aquela cor dos próprios ninhos,

feitos desses restos de palhas,
tão sem encantos seu piar
de comedores de migalhas,

tão punhados de cinza, tão
sombras do nada em multidão...

O primeiro de nós já se foi

Para Arnaldo Tobias, da Geração 65

Poeta de poucas palavras
era o nosso Arnaldo Tobias,
e, além de falto de fortuna,
calados eram os seus dias,

mas eloqüentes, sem retórica,
nem acadêmica, nem histórica:

o que dizermos a este morto,
sem querer brilhar mais do que ele,
no seu calvário, no seu horto?

dizer que lá, no esquecimento,
já estamos juntos há tempo.

O Quarto Evangelho

Já pertinho do fim, Francisco,
cansado de viver, já velho,
curva-se, no meio da noite,
às laudas do Quarto Evangelho

e encontra um deus sem limusines,
que não se compra nas vitrines,

que vem, coroa de cardeiros,
salvar deste arame farpado
os enlouquecidos cordeiros;

um deus, dos nascidos sem deus,
fará de Francisco um dos seus.

Retorno

Cordeiro de Deus

Poucos o escutam, quando o Mal
abre suas asas, lá fora;
e muito poucos acreditam
que vai entrar a qualquer hora,

transpor, gangrena do monturo,
o metro e meio deste muro,

tão diferente das muralhas
com seus anjos de prontidão;
e entrar, no faro dessas palhas,

à luz da estrela delatora,
como um lobo na Manjedoura.

Lajedos

Limpos, inorgânicos mundos,
que não apodrecem nem fedem,
após brevíssimo esplendor,
como os seres salvos do Éden,

corpos de gesso, de granito,
que não se deslocam nem gritam,

como eu gostaria de ter
esse mentiroso repouso
de seus átomos, e de ser

lápide, lousa sobre a cova
onde a podridão se renova.

Cores

Vermelha, negra ou amarela
é toda a terra, em tons incertos,
e só são brancas as areias
soltas nas praias e desertos;

mas a cor da vida é a do ferro
sujo de sangue, se não erro,

a do raivoso ferro em brasa,
machucado por mil martelos,
quando o perdão foge de casa;

cor do demônio interior
que se torna nosso senhor.

Carpe diem

Ao sol louco da juventude,
súbita, a dúvida desperta:
entre esporrar-se na alegria
e erguer uma casa de pedra;

mas os anjos de olhos de brasa
já nasceram com esta casa,

com sua juventude inteira
a subir, salmão premiado,
a sua própria cachoeira,

enquanto os anjos deserdados
põem suas asas no mercado.

Eros

Ó noite dos amantes em fuga,
noite dos fluidos, dos incêndios,
quando delicadas mulheres
erguem-se, Fúrias dos milênios,

todas elas com a mesma face
que o demônio tem quando nasce,

que a miséria tem quando sonha,
mulheres e homens a pedirem
que o deus tardio não se oponha

a essa alegria da matéria
em fogo e em fuga sobre a Terra.

Voragem

É quando teu vôo perde altura
e, lá dentro, toda a bagagem
em teu nome são velhos planos
em chamas, antes da voragem,

que a tua vida vira, então,
uma loja em liquidação:

tudo com preço de mentira,
pois o teu mundo é o mundo todo
em pane, quando te retiras

e submerges, como uma ilha,
antes ou depois da partilha.

Seguindo Horácio

À medida que envelhecia,
foi-se minguando em passarinho,
a beliscar sua fatia
de pão, encharcado de vinho:

precisava dessa leveza
de folha seca sobre a mesa,

que o vento, vindo da janela,
como arcanjo das cercanias,
dispersa, chama de uma vela

tão fácil de ser apagada
pelo sopro de Deus, ou por nada.

Neo-esteticismo

Chegamos ao tempo do corpo,
que nos humilha ou envaidece,
tempo do gesto e da ginástica
da nova tribo, em nova prece

dessa modelo seminua
que desnuda nossa feiúra:

ai de quem não tem as medidas
de altos apolos, nem as curvas
traiçoeiras dessas dalilas:

hoje, a beleza transitória,
se revezando, faz a História.

Schopenhauer

Para cada sonho uma lápide
sóbria, como o próprio cortejo;
depois disso, treinar seu cão
para morder qualquer desejo;

rasgada a farda da alegria
que, na batalha, o distraía,

agora a dor, em tempo célere,
pode estender, com dignidade,
sua cólera à flor da pele,

para sarjar com sua lança
tantos tumores da esperança.

Para Augusto dos Anjos

Só amo as noites e as manhãs,
detesto as tardes, coisas mornas,
cheirando à luz apodrecida,
à treva implume, às coisas mortas,

porque só vingam no crepúsculo
canto sem voz, carne sem músculo

que, à sombra suja de uma cruz,
sente assanharem-se seus vermes,
uma poça de sangue e pus:

só amo o que é definitivo,
enquanto sonho, enquanto vivo.

Monturo

Neste devoluto terreno,
ergue-se o matagal selvagem
de carrapateiras e urtigas
e algumas flores sem linhagem

que, breves, em sua alegria,
morrem com o sol no fim do dia;

terra verde, esperando o preço
que abata as folhas, broque os caules,
e dê-lhe o *status* de endereço,

fogo verde, cheio de graça,
dançando ao vento da ameaça.

A nova república

Não vale a pena envelhecer
nesta tua pátria em ruínas,
e os talhos no rosto são fendas
já terminais de estradas findas;

escombros dentro, escombros fora,
que o vento varre, o vento escora,

como a estes reinos de Platão
feitos de sânie e de soberba,
jorros de sangue e abstração:

não vale a pena envelhecer,
só testemunhar e sofrer.

NE: 1997-1999

Quando saiu de sua vila
pelo deserto encurralada,
onde as crianças já bebiam
suco de cactos, pela estrada

de ossos, João Pedro dos Santos,
curado de todos os espantos,

para outra vila não seguia:
caminhava por caminhar,
nesse turismo da agonia,

onde traçaram o roteiro
sem volta, para um povo inteiro.

Fiat

O amor, o amor nunca é demais:
se sobra, é no tempo perdido
que ele brotará no deserto
qual semente do Paraíso;

pólen no ar, mora no vento
e entre as dobras do pensamento;

feito a maldade, ele não dorme,
quando a neblina esfria a noite
e o temor de Deus nos encobre;

ele tem a força da luz:
fecha a ferida e seca o pus.

Natureza

É natureza a falha azul
no olho de vidro da boneca;
pulsa o grafite em cada linha
desta figura geométrica;

é natureza o raio *laser*,
tudo que o cálculo fez à

grama abstrata, ao teorema
que se borda no monitor,
feito carinho em carne trêmula;

é natureza até, suponho,
a sombra do nada, a do sonho.

Monismo

Um planeta todo de mármore
negro, de mármore polido,
tinha acabado de nascer,
súbito, do ventre explodido

da estrela Semíramis, grávida,
que se perdera da galáxia;

era negro e brilhava tanto
como um abismo de carvão
cravejado de diamantes;

era o recém-nascido sonho
de luz e treva se abraçando.

Werther, de Goethe

Só a vida aspira ao repouso
ou quer morder-se na carótida,
mas tudo por dentro se move,
pois não existe coisa morta:

uma rocha recém-formada
sente-se bem-aventurada

em sua existência de estrela,
mas depois de sentir a vida,
não quer ganhá-la, mas perdê-la;

o que tem alma não tem paz:
tudo tem alma, nada jaz.

Ergonomia

Para Norberto Loureiro

O grande trabalho é do amor
sem bronzes, sem assinaturas,
no ar do espaço, na hora do tempo,
pólen de Deus nas criaturas;

a palavra quase sem eco
a injetar humo no deserto,

mãos de franciscos, de teresas,
que repartem, ocultamente,
suas migalhas sob as mesas;

ou energia sem fronteiras
que acende todas as estrelas.

YACALA

Yacala foi publicado em 1999. Edição do autor impressa na Gráfica Olinda. Um único poema dividido em 140 partes. Formato: 18 x 26 cm. Duzentos exemplares, em papel Chamois Bulk, 90 g/m^2, em tipo Bodoni, corpo 18, numerados de 1 a 200 e assinados pelo autor. Segunda tiragem de 100 exemplares, em edição fac-similar da EDUFRN, Natal, 2000, com prefácio da Alfredo Bosi, para lançamento no III Seminário Internacional de Lusografias, em Évora, Portugal.

"Vê como a dor te transcendentaliza"
Cruz e Souza

Uma estranha beleza

Alfredo Bosi

Não é por acaso que a epígrafe de *Yacala* é o verso de Cruz e Sousa: "Vê como a dor te transcendentaliza". A frase pungente do Poeta negro abraça de uma só vez as duas dimensões da obra de Alberto da Cunha Melo: a experiência funda do sofrimento, cuja origem é inequivocamente social, e a capacidade própria da linguagem poética de tudo passar pelo crivo da consciência pessoal, essa câmara de ressonância que acolhe, compõe e tonaliza os múltiplos estímulos que nos assediam e se fundem com nossa identidade.

A dor de viver provém de determinações inescapáveis: o sangue, o sexo, a cor da pele, a classe social, o lugar da origem, o tempo e o espaço do cotidiano; a sina, enfim. O poema aceita estoicamente os sinais do corpo e os estigmas da circunstância; e os transforma, transfigura ou, se a voz é sublimadora, os transcendentaliza.

A estranha beleza que sai dos versos de Alberto da Cunha Melo nasce da fusão de um visceral sentimento da terra (quantas imagens pejadas de lama e lixo, mangue e cinzas!) com a aspiração infinita de quem está

> mirando o mar e altas distâncias
> numa luneta de escoteiro.

E, no fundo sem fundo do horizonte, o que interessa é captar a luz da estrela, aquela estrela "desgarrada da série cósmica", astro que pressagia o desastre. Yacala, o Galileu negro vidente de todas as luzes do universo, é a figura nuclear que reúne cosmicamente baixios e escarpas, o instante e o eterno, a dor e a sua transcendência.

Reciclando os dados do lixo,
busca Yacala, sobre a lama,
traduzir em cifras exatas
a voz do cosmo em voz humana,
domar a luz ou convertê-la
numa só e única estrela;
sem os galões da profecia
e as graças da revelação,
outro jamais rastrearia
aquela estrela sem fronteiras
a engolir galáxias inteiras.

É uma narrativa da busca; uma narrativa que atravessa o sacrifício, a violência bestial e a morte inglória "para alcançar uma alegria / consciente, esplendor da razão, / livre como garra celeste, / que no Todo desaparece".

Mas há, no plano formal, outra fonte de estranheza nesta poesia, e que resulta em um efeito estético original. É o paradoxo da sua composição ao mesmo tempo rebelde ao cânon e inventora de sua própria e inflexível ordem estrófica e métrica. Estrófica: um quarteto na forma *abcb*, um dístico rimado, um terceto na forma *ded* e um dístico final também rimado. Métrica: todos os versos são octossílabos, o que produz um ritmo inusitado, pois as narrativas poéticas longas são, em geral, plasmadas em populares redondilhos maiores ou em clássicos decassílabos camonianos.

Trata-se de uma singular orquestração (o poeta chamou-a de "retranca"), que lembra remotamente o soneto inglês, mas que tem de seu o peculiar movimento musical de uma onda que, primeiro espraiada, depois recolhida, se embate por duas vezes nas barreiras sólidas dos dísticos do meio e do fecho.

O Nordeste nos dá, mais uma vez, depois do paraibano Augusto dos Anjos (presente de modo subliminar na atmosfera de várias passagens de *Yacala*), do alagoano Jorge de Lima e dos pernambucanos Carlos Pena Filho e João Cabral, a sua lição de dor que se faz beleza e arranca de si forças para construir uma poesia como a de Alberto da Cunha Melo, cujo nome secreto é — resistência.

Nota do autor

Ao conceber este poema, seu personagem central não era nomeado. Depois de tê-lo iniciado, ao folhear por acaso o livro *Estudos sobre a poesia popular do Brasil*, de Sílvio Romero, deparei-me com a seguinte nota de pé de página: "Aqui dou, como espécime lexicológico, algumas palavras cabindas, com seu significado, tais como as aprendi e pude escrevê-las: tuya-fogo; combo-cabra; çuço-galinha; unquento-mulher; yacala-homem (...)" e seguiam mais 36 vocábulos africanos. Apaixonei-me pela palavra "yacala", que me surgiu bela, eufônica, luminosa. A partir daí, ela ganhou maiúscula inicial e com ela batizei meu personagem, tendo no espírito o Homem, em seu sentido universal.

No entanto, a etimologia do vocábulo me intrigava. Telefonei para o antropólogo Roberto Mota e ele disse desconhecer qualquer língua ou dialeto cabindas. Mergulhei nos livros do século XIX da Biblioteca do Conselho Estadual de Cultura. Vários autores falavam sempre em escravos "congos ou cabindas". Para Nina Rodrigues, "cabinda" era apenas "uma denominação regional, direi antes aduaneira, dada aos escravos embarcados em Cabinda" (território de Angola, atualmente). Mas, para aumentar minhas dúvidas, a *Mirador internacional* trazia o verbete: "Cabinda: relativo ou pertencente aos cabindas. Língua dos cabindas. Nação banto ao leste do Congo superior".

Fora do livro de Sílvio Romero, em parte alguma eu encontrara o vocábulo "yacala", e continuava confuso sobre a sua etimologia.

O socorro veio quando adquiri o *Dicionário banto do Brasil* do professor Nei Lopes, lançado recentemente. No entanto, não foi o próprio dicionário que me socorreu — ele não registra o vocábulo — mas o autor. Descobri seu endereço no Rio e lhe passei um fax, contando minhas dificuldades. Ele respondeu-me dizendo que a omissão se explicava pelo fato de seu livro só abrigar vocábulos "que entraram e efetivamente circularam no português geral do Brasil". E, gentilmente, deu-me a seguinte aula:

"Os africanos conhecidos como ka-binda ou ba-vili (cabindas ou cambindas, no Brasil) são um subgrupo dos ba-kongo (congos) e por isto são às vezes referidos como congos-vilis. Seu governante máximo foi, historicamente, um vassalo do Muene-e-Kongo (Manicongo), o rei do Congo. E a língua falada por eles, o vili, é uma variante dialetal do ki-kongo (quicongo), a língua mãe do grupo. Em quicongo, o vocábulo 'yacala' (plural ma-kala, ba-kala ou, no dialeto quicongo do sul, a-kala) significa 'homem', 'marido', 'namorado' etc."

Yacala é, portanto, uma palavra quicongolesa.

Olinda, 13 de outubro de 1998

001 — Exórdio

Levamos fogo, não esponjas,
ao trono sujo de excremento,
disputando o mesmo vazio
de uma estrela no firmamento;

jarros negros e estrelas, tudo
é uma busca de conteúdo;

ou somos renúncia ou cobiça,
atravessando esses planaltos
feitos de cinza movediça;

mas todos estamos em casa,
como os vôos dentro das asas.

002

Yacala Cosmo, diz a crônica,
quando criança malnascida,
acharam-no na porta uns monges
e o criaram às escondidas;

foi um certo abade erudito
quem lhe deu o nome esquisito;

cresceu, portanto, no mosteiro
mirando o mar e altas distâncias
numa luneta de escoteiro,

mas a seus pés, dia após dia,
um chão de garras florescia.

003

Viu-se entre monges cor de terra
a decorar seus catecismos
e, pelo lodo das mangueiras,
a escorregar para os abismos,

onde seriam suas amas
criaturas feitas de chamas;

seu mestre, espécie de templário
que, de hora em hora, descrevia
a cor do mar em seu diário,

ao morrer, deixa-lhe de herança
esse evangelho da mudança.

004

Escondeu-se, na adolescência,
sob os cantos gregorianos,
naquele teatro de treva
onde sombras de dois mil anos

pelos corredores penetram
e caem, como roxa coberta,

sobre seu corpo guarnecido
por uma escolta de onze cisnes,
a carcereiros promovidos,

e com ordens para acordá-lo
se em sonho a alegria tocá-lo.

005

Numa "noite obscura da alma",
mas de gala para as estrelas,
deixa um Salmo pela metade
e sai do claustro para vê-las:

diante do mosteiro, o mar
o convidava a se afogar;

nessa noite, já um noviço,
das profundezas foi içado
por um cruzador do infinito:

a morte, às vezes, por desfeita,
não toma posse, quando eleita.

006

Cheio de latim e de grego,
vagou pelo baixo vernáculo
de poça em poça, descansando
entre as frestas dos obstáculos,

como quebrado cata-vento,
por mais dois anos ao relento;

mas, dos números um fanático,
aceitou ser o faxineiro
na chácara de um matemático,

onde salvou todos os livros
da poeira, de tanto abri-los.

007

Depois de limpos e de lidos
os volumes da velha chácara,
a nado pôs-se a atravessar
um curso de ciências exatas,

espichado em horas remotas,
numa hospedaria sem portas,

quando, num lixo de hospital,
encontrou um rolo de dados
em voz radiocelestial

e, de astronúmeros, a vida
calçou-lhe, então, outra avenida.

008

Mas certa noite, claro choro
de saxofones, em surdina,
puxou-o em ondas para um beco
entre sobrados em ruínas,

onde a luz coava os sussurros
de fêmeas negras junto aos muros,

dando início à quadra venérea,
onde nas coxas das *strippers*
o êxtase dele se apodera,

e a matemática mais pura
recolheu-se à sua clausura.

009

Yacala tarda a compreender
que a alegria não tem história
e toda festa sabe a um súbito
curto-circuito na memória;

mas, trégua nas trevas, a orgia
tornou-se a sua liturgia,

e ele a exerceu subindo escadas
de tábuas meio apodrecidas,
junto com novos camaradas,

para beber, à luz minguante,
a última gota dos instantes.

010

Tanta mudança é outra rotina,
pensa Yacala, a um novo corpo
toda manhã em sua cama,
como na estrada um novo posto

de gasolina, onde abastece,
paga, urina e desaparece;

voltou, então, a examinar
esta outra herança inesperada
vinda de um lixo hospitalar:

papéis infectos e sudário
de algum cadáver solitário.

011

Toda matéria ou toda força
sofre de eterno desperdício,
quer ser azul e temporária
e as borboletas sabem disso,

e depois delas, sabe-o agora
Yacala, este neto da aurora

a estagiar entre doutores
do éter, caçadores de estrelas,
e a lhes dizer, nos corredores,

ter descoberto um som estranho
no universo, o som do seu sonho.

012

Apagado o fogo acadêmico,
regressou ao manancial
daquele rolo de cem metros
de seu papiro sideral

encontrado no mais moderno
lixo dos doentes internos,

e os números viraram astros,
quando seguiram pela nova
rota dos seres abstratos,

e um deles, uma estrela harpia,
rasgando a órbita, crescia.

013

A sua hipótese era um só
mistério a abrir outro mistério
e foi mandada, em hologramas,
ao competente ministério,

que enviou, por fax, atrasada,
meia lauda de gargalhada:

ainda era cedo, ainda ouviria
por velho radiotelescópio
os anjos de sua confraria

tocando, apenas, a epiderme
do Todo, a fingir-se de inerme.

014

Leva um lápis, tal se levasse
o miúdo motor da semente,
autônomo lápis, jamais
de outros motores dependente;

um mero lápis, o mais tosco
e antidinástico, no bolso;

Yacala o tem como amuleto,
encontrado entre dois jazigos,
no cemitério do mosteiro;

é uma esperança de grafite,
tudo que, estóico, se permite.

015

Emprega os dados descobertos
entre restos hospitalares
para medir de outras estrelas
suas fornalhas nucleares,

comparando-as, sempre, à daquela
a cada cálculo mais bela

que as chamadas supergigantes,
e que cresce enquanto se vai,
ao contrário dos viajantes;

mas, como em toda parte mora,
nunca essa estrela vai embora.

016

Debruçado sobre uma estrela
a crescer à luz de seus cálculos,
mal sabia da outra, raiando
no seu corpo, sem o espetáculo

dos assédios, sem o alarido
do vento a forçar os postigos;

quando a morte não dá sinal,
pensa-se em décadas inteiras,
quando não se pensa imortal,

com paciência, se procura
escolher a vagem madura.

017

Contrair-se ou desintegrar-se,
explodindo sua energia,
eram os únicos epílogos
que o mestre Yacala conhecia;

mas, cálculo a cálculo, o engano
foi deixando de ser seu dono,

quando descobre a desgarrada
da série cósmica, essa estrela
pelo sem-termo condenada,

que a luz das outras incorpora
a seu rosto, universo afora.

018

Foi em agosto, quando o vento,
todo em galas de temporal,
vaiava no mar as barcaças
em formação de funeral,

que Yacala, com sua mochila,
mudou-se para a palafita;

a casa anfíbia já estava
mergulhada nas ventanias,
e nas águas tanto ventava

que as anchovas, largando as presas,
fugiam para as profundezas.

019

Com seus cálculos, instalou-se
na palafita de concreto:
um laboratório em escombros
no manguezal a céu aberto;

sobre a lama e seus predadores,
cuidaria dos dois tumores:

o que engordava lá no espaço,
na mesa lauta do universo,
com seu luminoso cardápio,

e o que, quando a carne o aperta,
abre, lá dentro, suas pétalas.

020

Acostumara-se a estar sempre
treinando para o desenlace,
para a recepção do castigo
a quem não deu a outra face;

nômade puro, pouco traz,
para nada deixar atrás;

chegou, navio de cabotagem,
que atracou em pontas de pedras,
onde o objetivo da viagem,

cumprido em partes, se extinguiu
de podre, nos portos vazios.

021

Se todos têm seu território:
o mendigo a sua calçada;
o cão, a sombra de seu dono;
a rocha, a serra; a planta, a mata;

Yacala, o garoto sem berço,
hoje tem o seu endereço;

hoje, sóbrio e sombrio, habita
no entroncamento de três mundos,
no tardo berço, a palafita,

a nave-mãe da frágil lâmpada,
seu vôo de sonho sobre a campa.

022

A palafita de concreto
era antigo laboratório
de pesquisadores do Atlântico,
e agora nem o transitório

equipamento para o abismo,
as conchas ocas de marisco

e folhas secas de sargaço
lembram mortos mergulhadores
de olhos crescendo no ar escasso;

agora, seu novo inquilino
cria uma estrela sem destino.

023

A tapera, o computador
que arfava com dificuldade
e outros brinquedos eletrônicos,
sucatas da universidade;

os móveis, o fogão, a cama
e alguns lençóis com ideograma,

tudo isso um reitor lhe cedeu,
certo da breve sobrevida
do agonizante Galileu;

mas ele aceitou com assombro
esse luxuoso abandono.

024

Reciclando os dados do lixo,
busca Yacala, sobre a lama,
traduzir em cifras exatas
a voz do cosmo em voz humana,

domar a luz ou convertê-la
numa só e única estrela;

sem os galões da profecia
e as graças da revelação,
outro jamais rastrearia

aquela estrela sem fronteiras
a engolir galáxias inteiras.

025

Como um bando de dançarinas
tomam, no palco, seus espaços,
as dores chegaram de longe,
mas sem demonstrarem cansaço;

do sono, longo desperdício,
irão livrá-lo desse vício

a varrer um terço da vida
para debaixo dos lençóis,
sem haver um deus de visita:

tange-lhe o sono a dor carmela
com sua papoula amarela.

026

Asas lá fora já ruflavam
antes de tudo acontecer;
casas de lama se fecharam
para não ver acontecer;

se os dias contados corriam,
lembrar e esquecer lhe doíam;

já não era tarde nem cedo,
era o precipício do tempo
mostrando o último lajedo;

finado o vício de dormir,
só o sonho vai resistir.

027

Yacala, já senhor das horas,
refaz os cálculos, sozinho,
da estrela cega, a estrela pródiga,
sem uma órbita, um caminho;

tumor maligno do além,
não é a estrela de Belém;

explicá-la em lúcida tese
não a faz menos invisível,
pede uma outra catequese,

a do amor, em novo calvário,
regressando ao fogo primário.

028

Gorda de luz, a sua estrela
quase rompeu a fina rede
de cognição, onde Yacala
a tinha, entre quatro paredes,

e ele, no mesmíssimo dia,
golfou sangue dentro da pia;

"um mau sinal", pensou, "porém
inútil, se for verdadeiro,
e, se falso, inútil também";

e só viu tinta sob tinta,
quando a alegria foi extinta.

029

Yacala nunca nomeou
a quem, na morte, legaria
a sinopse da cavalgada
de sua estrela doentia

(de cada raio, cada vértice
é uma metástase celeste);

assombra-lhe a miniatura
do astro doente dentro dele,
que se expande na carne crua

e reduz tudo a decimal:
do cosmo à lesma no quintal.

030

Pelos seus cálculos, a estrela
saqueia infernos, paraísos,
de céu em céu, e sua massa,
de numerosos sóis perdidos,

de galáxias espiraladas,
elípticas ou deformadas,

sua massa cresce de somar
a luz de todas as auroras
do horror, do horror a inaugurar

o inchaço da nova cobiça
que o medo mais e mais atiça.

031

Até onde Yacala chegou
pouquíssimos ali chegaram,
é muito longe esse lugar
onde as ondas o abandonaram;

nessa distância, andando a esmo,
ele esbarrou consigo mesmo;

dono do seu próprio deserto,
já nas porteiras do vazio,
ali no eterno, ali bem perto,

ao longo de uma região
onde seus mortos já estão.

032

Pensa no fim, na foz do fogo,
sem esperança, ao fim da tarde,
para furtar-se do pavor
que lhe desperta a eternidade;

enquanto o faz, não sabe mais
localizar em seus anais

onde essa agonia termina,
depois do episódio menor
da vida, este sopro de cinza,

depois deste sol desertor
que não tem mais onde se pôr.

033

Sem parentes, com ex-amigos
espalhados em suas cruzes,
Yacala, agora, só contava
com um lírio negro, entre as urzes

dos signos, na terra baldia
em que sua alma se torcia;

chamava-se Bai, era negro,
da negritude de Yacala,
e conheceram-se bem cedo:

era o marujo do navio
que o tirou do mar, por um fio.

034

Uma vez por dia, mestre Bai
sobe os degraus da palafita:
vai levar sardinhas, tomates
e muito café, na visita;

do ex-marujo resta a mesura
e aquela faca na cintura,

mas, à diferença de Yacala,
é mudo mesmo, seu silêncio
não é aquele de quem cala,

mas o silêncio anterior
onde a própria voz começou.

035

Às vezes, Bai alonga o olhar
ao velho amigo, em sua mesa,
com laudas pesadas de números
e sua máquina sempre acesa,

vê nele o mesmíssimo náufrago,
mas noutras águas afogado,

agarrando-se à luz sem órbita
pelas campinas siderais,
em sua cavalgada mórbida,

cego, nem ao aceno de Bai
Yacala responde mais.

036

Mas o amigo lembra-lhe o estágio
turístico no Observatório,
para onde levou mestre Bai,
ainda com voz de timbre exótico;

com a farda dos zeladores,
Bai desfilava entre os doutores;

ele e Yacala eram dois pretos
pela gratidão reunidos
na mesma história, mesmo gueto;

agora o amor e não o acaso
juntou-os, de novo, no ocaso.

037

Bai ostentava a mansidão
da sombra, mas a do rochedo,
e, como este, todo em silêncio
blindado pelo musgo negro;

visitava Yacala sempre
como quem visita um doente:

ao levar-lhe o modesto almoço,
era se a um cão acorrentado
alguém levasse a água e o osso,

era gesto cuja elegância
maior só é vista à distância.

038

A cada três horas, Yacala
bebe seu copo de café;
até para sentir-se inútil
ele precisa estar de pé;

deve acender-se na vigília
a presa débil, na coxilha,

ainda está longe de verter
em língua humana sua dor,
para que todos possam ver,

no menos radiante tentáculo,
sua estrela de puro cálculo.

039

Há vários dias já desperto,
o astro-matemático vai
exercitar-se olhando o céu
quando, sem força, a noite cai;

mas na luneta não relaxa:
o céu noturno é uma página

ou a tomada parcial
do vertiginoso espetáculo
de um suicídio sideral,

onde cada estrela liberta
ao abismo do Todo regressa.

040

No início, trata-a como cria
ou como dócil nebulosa,
toda envolta de gases cinza
e de poeira cor-de-rosa;

quando famélica, captura
estrelas verdes e maduras

e corpos mortos, sem calor,
a levar, no vôo, os baldios
canteiros de estrelas em flor,

sente que, há décadas, a ronda
com a velocidade da sombra.

041

A intervalos sempre menores,
chovem no seu corpo as agulhas
da dor, quando a vagem da morte,
lágrima a lágrima, se debulha;

lá para as três da madrugada,
a temperatura desaba,

e quem não pôde morrer antes
já não controla seu esfíncter:
morte longa, morte humilhante;

nessa hora, Yacala enrubesce,
ao ser tentado pela prece.

042

Já não se volta quando Bai
chega trazendo-lhe a marmita,
sempre a suar naquela roupa
sem bolsos, usada e torcida;

Yacala não perde um minuto
para olhar seu amigo mudo;

se sua estrela, luz cigana,
soltou-se da órbita, Yacala
soltou-se da órbita humana,

a do próximo, cujo espaço
tem a distância de um abraço.

043

A uma súplica de Yacala,
pintaram as quatro paredes
internas, da única sala,
invariavelmente de verde;

não por querer belo por dentro
o seu túmulo de cimento,

mas para usar o giz barato
sobre esse verde, quando o sono
for atacá-lo no teclado,

e a dor, sem mudar de suplício,
for adotada como um vício.

044

Pedra de gelo sobre o corpo
e banhos quentes a ferver:
precisa do incômodo máximo
para jamais adormecer;

por onde vai, foram-se os solos,
foram-se os lados, não há pólos;

entre a pilha bruta de dados,
abre-se o véu do ininterrupto,
que nunca será calculado;

não há paradas, não há gares,
nessas distâncias estelares.

045

Para os mais velhos, as escadas
vão ganhando novos batentes;
as estradas, novos quilômetros;
as lembranças, novos ausentes;

por isso, Bai anda bem mal,
arquejando a cada degrau

que diariamente o conduz
ao refúgio do seu amigo
e tocaia da grande luz;

senta-se um pouco e fica olhando
o tempo, lento, os separando.

046

O infinito, abismo do amorfo,
para todo o aquém vai cegá-lo
enquanto a dor já extrapola
o seu ofício de acordá-lo:

estrela interna, raias tontas,
vai expandindo suas pontas;

corta por dentro o matemático,
a pôr as mãos pelas paredes,
contorcer-se como um lagarto

ou como solitária ovelha
atacada por uma estrela.

047

Com o afã dos retardatários,
o terral estava soprando,
mas não abafou o barulho
de algo na sala desabando;

(mestre Bai havia saído
e nada viu do acontecido),

e foi o primeiro desmaio
a jogar, repentinamente,
o cientista no assoalho;

logo se ergueu, mas no seu rosto
nasceram sombras de sol-posto.

048

De folhas frias recoberta,
palhas secadas pela lua,
era a casa do grande Osório,
nos mangues abertos, sem ruas,

única parada de Bai,
quando à palafita ele vai,

e esta ficava tão distante
das palhoças do povoado,
de vida sempre na vazante,

que parecia, ao longe, o gorro
de alguém gritando por socorro.

049

Yacala rompe, sem saber,
todos recordes da vigília,
ao completar vinte crepúsculos
e auroras em sua guerrilha

movida a cálculo e café;
sempre a singrar contra a maré

de tempo e espaço apodrecidos,
onde as infâncias dos humildes
estão imersas no castigo;

onde a grande massa estelar
do sonho nos pode esmagar.

050

Enquanto uns perderam seu norte,
Yacala perdeu seu sul;
no bolso, a bússola quebrada
rasga o mapa do absoluto

na fronteira do desperdício:
ali florescem rotos lírios

sobre os leirões da carne morta,
que seu pranto vive a regar,
enquanto o mau-cheiro o transporta

do cálculo, dogma proscrito,
à indiferença do infinito.

051

Sobressaltam-lhe as compulsórias
golfadas de sangue na pia,
e desses surtos mestre Bai
foi testemunha certo dia:

tomado de susto e assombro,
por impulso tocou-lhe o ombro

para tirá-lo do estupor,
quando seu corpo já não tinha
uma vaga para outra dor;

mas, em troca, um olhar vazio
atravessou-lhe como um fio.

052

Do passado, mantém os hábitos
da disciplina e dos asseios,
mas a água lhe escorre nas espáduas
como se fosse em corpo alheio;

deixou a crespa cabeleira
crescer-lhe em copa castanheira,

com seus alvinegros matizes,
aumentando o porte da sombra
nas paredes, com seus limites

tirânicos, ou seus alarmes
sobre o terror da eternidade.

053

Um dia inteiro se acabou
sem mestre Bai aparecer
na palafita à beira-mar:
hoje, Yacala vai saber

que seus submersos instintos,
quanto mais fundos, mais famintos;

não está na mesa a vasilha
com seus tomates e sardinhas
e o café forte da vigília;

esta noite, o sono a cavalo
pula os mangues para atacá-lo.

054

A ausência súbita de Bai
ocorreu na quinta semana
de trabalhos, na palafita,
e foi sua filha, Adriana,

negra como o pai e mais alta,
quem levou a notícia infausta

da morte profana do amigo
àquele deus de tabuada,
dentro da desgraça escondido,

lá onde a mensagem da moça
chega aos pedaços, como louça.

055

Aos pedaços, soube Yacala
que mestre Bai chegara ao fim;
e, sem voltar-se para a órfã,
murmurou: — por que antes de mim?

mas, sem esperar a resposta,
continuou ali de costas

a grafar ondas de algarismos
brancos pela parede verde,
e foi quando Adriana viu nos

bastões de giz rubras estrias
que só mais tarde entenderia.

056

Mestre Bai deixou Adriana
à custódia de seu amigo
e ela começou a habitar
esse estúdio, quase jazigo;

Yacala mostra-lhe com o dedo
aquele quarto de arremedo,

úmido e único dormitório
dessa oficina, onde a vigília
improvisou seu oratório,

para um santo profetizar,
sem fé, seu martírio estelar.

057

Enquanto Yacala rastreia
a sua caça nas alturas,
Adriana ali retomou
suas sabidas desventuras;

caçar o pó, desfazer teias
de aranha pela casa inteira;

um varre o céu e o outro a terra,
e ambos sonham estar fazendo
algo sagrado, enquanto esperam

encontrar-se a si, nesses ermos,
sem caminhar para si mesmos.

058

Adriana fora à cidade
fazer as compras, quando Yacala
pisou em algo quebradiço
como uma lâmpada queimada;

ao voltar-se, a sala fervia
de crustáceos das cercanias;

"é um espasmo alucinatório
da vigília", pensou Yacala,
mas pouco tinha de ilusório

o sangue nas pernas, nos braços,
e esses mortos sob seus passos.

059

Além dos *jeans* e dos cosméticos,
revistas, discos e retratos,
Adriana levou bem pouco
para aquele estranho orfanato;

logo arrumou o dormitório
e a cozinha, seus territórios;

depois de assear a latrina,
deixou aos cuidados do caos
Yacala e sua oficina;

Mas, só nos cantos, brilha como
um vaga-lume nos escombros.

060

Ela pouco sabia do homem
que, dias e noites, vagueia
do computador à parede,
feito um vírus dentro da veia;

não era um galã de novela
o seu companheiro de cela,

mas tinha plena liberdade
de deixá-lo, com a luz subindo,
afogar-se na claridade;

e sair, a acender a cobiça
da carne verde e da carniça.

061

Indiferente ao novo aroma
das lavandas, das avelãs,
que se espalha na palafita,
Yacala atravessa as manhãs

a transmitir ao seu resumo
cálculo claro, denso humo;

porque viver é distrair-se
com o corpo, a moeda, o poder,
porque viver é só trair-se

e fazer parte da paisagem,
como a ferrugem da ferragem.

062

No sofá, no canto da sala,
ou melhor, no extremo da cela,
Adriana olha aquele vulto
de bata verde, magricela

de andar manso, balbuciando
línguas mortas, de vez em quando;

e, ao dar-lhe a diária bandeja,
Yacala come a se curvar,
quase a esconder-se sob a mesa,

tal se aplicasse um curativo
sobre a vergonha de estar vivo.

063

No início dos tempos, Adriana
armou-se toda de recato:
saía do banho já vestida
e fechava a porta do quarto,

fazendo o tipo governanta,
dessas severas, quase santas;

são medidas desnecessárias:
ele não vê, sob a bandagem
vestal, a carne solitária;

e esse descaso, mais e mais,
lhe acende os brios animais.

064

Opresso em sua redução
teórica, Yacala, agora,
ao pressentir as malaguetas
da dor, intestinas esporas

da vigília, anda mais rápido
da parede para o teclado,

e digita como um possesso,
ante uma atônita Adriana
que não entende tanto excesso

de vida inútil nesse velho
e ensandecido escaravelho.

065

Quando Adriana se flagrou
lesada pelo desvario
e extraordinária indiferença
do matemático, partiu

para testar a radiosa
e quente máquina de rosas

do próprio corpo, muito cedo
chamado por um lusitano
de formoso pêssego negro,

e dia a dia, de mansinho,
foi-se despindo em seu cantinho.

066

Habituando-se a ver sangue
nos bastões de giz e na pia,
nem por isso perdeu a graça,
nem despediu sua alegria;

fez dela a guarda dos instantes,
sua cerca de diamantes;

mas, se estava em seminudez
e o companheiro agonizava,
desistia, por timidez,

de estar, nesse templo, a mostrar
seu busto negro lá no altar.

067

Se aos quarenta Bai ficou mudo,
Adriana era só calada:
sua mãe estranha morrera
quando a paria na estrada;

tinha o porte dos eucaliptos
que as noites grafam em negrito;

sorria com os olhos redondos
do pai, tinha nádegas altas
e pernas e braços mais longos:

carne de ave e formas filhas
da África e suas armadilhas.

068

Quando atraída pelo caos,
a moça finge uma limpeza
e esquece o vulto de Yacala,
para olhar tudo sobre a mesa:

gráficos e mapas astrais,
luas em filas, funerais

da luz pela enorme garganta,
e uma bela estrela escolar
desenhada com cinco pontas;

depois as manchas, talvez fotos
feitas por satélites mortos.

069

Aquela estrela de Yacala
que ao céu e a si mesma consome,
seria uma estrela anormal
ou uma estrela agonizante,

para os ex-amigos teóricos,
imperativos, categóricos;

feito semente, nela mora
o outro Yacala, o viajante
que às próprias vias se incorpora,

como um novelo de energia
que engrossa, enquanto se desfia.

070

Que nebulosa deu à luz
essa estrela dos céus enfermos
ou se ela estourou a placenta
do cosmo, para o autodesterro,

são perguntas abandonadas,
falcões cegos dentro das matas;

tenta ultimar essa exegese
de outra missão devastadora
da luz que jamais apodrece;

não apodrece, é bom dizer,
mas tudo faz apodrecer.

071

Pelas brechas dos microssonos
as apnéias vão jogando
susto após susto, quando Yacala
sobre a mesa vai emborcando;

a parada respiratória
tornou-se, então, obrigatória

para ele deixar a banqueta
sem cambalear, como um preso,
aos empurrões de uma escopeta;

beber café até voltar
ao seu antigo mal-estar.

072

Mortas as feras, os roçados
cheios de espigas e canções,
todas cumpridas as promessas
feitas nas outras estações;

quanto às mesas de sacrifício,
foram os velhos seus artífices,

assim julgaria Adriana,
se do seu fulgor consciente,
ao ver Yacala na choupana

de concreto, trocando o dia
pela sua estrela vazia.

073

Antes da morte, usando as mãos,
Bai outorgara à sua filha
uma inesperada missão,
mais que missão, uma armadilha:

ser guardiã daquele ser
que não queria adormecer;

"é um homem manso", disse Bai,
com suas mão grandes e negras,
e acrescentou: "manso demais";

hoje, Adriana sabe, ao vê-lo,
que não se escolhe o pesadelo.

074

Preso a esses gráficos celestes,
a essas teclas, bastões de giz,
Yacala busca dissecar,
como afiada bissetriz,

a duríssima amêndoa do ódio
propulsor do seu astro pródigo,

a espalhar malignas auroras
na alma sombria de Yacala,
tumor da vida, ígnea flora,

pondo seu ser em sintonia
com todo cosmo em agonia.

075

Café e golfadas de sangue
dia e noite se revezavam,
em rubro-negro ritual
que a fé e o fim concelebravam,

enquanto avança na parede
a malha fina de uma rede

de pura álgebra sideral,
para capturar uma estrela
impune, como um vendaval,

enquanto o tempo pula valas
dentro do peito de Yacala.

076

Mesmo de dia, a palafita
mantinha as lâmpadas acesas,
lembrando a muitos pescadores
as desagradáveis surpresas

dos faróis da guarda-costeira
com sua lancha de algibeira

que multa a rede e o espinhel;
por isso mantinham do prédio
uma distância de quartel;

mas diziam ver um finado
de asas verdes sobre o telhado.

077

Procuradora de Yacala,
Adriana fora à cidade
receber do mestre seu dízimo,
a pensão da universidade;

pelo caminho, borboletas
de azul-metálico, das ermas

capoeiras, almas de sementes
que não puderam germinar,
cobrem-na toda, de repente;

para um suntuoso espetáculo
veste o manto de azul-metálico.

078

A parede do lado sul,
como as outras, sempre coberta
de tantos signos, tantos números,
amanheceu quase deserta:

apenas solitária série
escapou de·toda a intempérie;

e Adriana quase pressentiu
que algum resumo "o professor",
entre estertores, conseguiu:

enquanto a luz guardar segredo,
nenhum sono pode vencê-lo.

079

Se Adriana falava pouco,
Yacala era a voz mais vazia
do mudo, morto e amado pai,
e essa mudez só se rompia

quando à Adriana suplicava
mais café ou nova toalha,

e era uma súplica tão crua
que compensava a indiferença
diante da moça quase nua:

beleza solitária, serva
a se bastar dentro da treva.

080

Quando Adriana leva às ruas
seu corpo esplêndido de arqueira,
nem os pesos tiram-lhe o porte
longilíneo das cumeeiras;

no cabelo de corte esférico
leva um diadema esotérico,

vai, como na época do pai,
buscar comida para um lobo
que da caverna nunca sai;

mas mostra aos monstros, no caminho,
como chegarem ao seu ninho.

081

A vagem, no ponto, deseja
ser debulhada com cobiça,
antes das chuvas, pois as águas
encharcam os grãos, desperdiçam-na;

assim, Adriana, uma tarde
foi cobiçada de verdade

por cafajestes de uniforme
dessa cor de barro cozido
na água cheia de coliformes;

na volta, ao tomar o seu ônibus,
olham-na, de longe, os demônios.

082

Certa manhã, Adriana ouve
ganidos soltos, sem cadência,
como de cão velho, ou gemidos
cansados, de sobrevivência;

abrindo a porta, um cão de nada
arquejava em meio da escada:

pêlos da cor cinzento-chão,
tremia muito e, ao recolhê-lo,
chamou-o brincando de “Sertão”;

mas sua alegria a interrompem
sons de carro dentro do mangue.

083

"Sertão", desde o início, sentiu
temor diante de Yacala,
aquela sombra sem odor
com os olhos cheios de água rasa;

de manhã, segue de Adriana
o cheiro de água-de-colônia;

desce com ela até a praia,
nas marés altas de setembro,
a latir às ondas, com raiva

da covardia desse mar
que um latido faz recuar.

084

O corpo magro de Yacala
é disfarçado pela verde
bata, salpicada de giz,
enquanto o rosto é pura máscara,

todo borrado dessa alvura
de giz, de cal, de sepultura;

mas Adriana não mais ri
dessa mistura de palhaço
e matemático, a infringir

toda a harmonia universal
com sua estrela de quintal.

085

Na pele de Adriana, o negro
vulcânico, o negro solene
da limusine oficial
do senhor vice-presidente;

no corpo, o traço mais montano
de um Modigliani africano;

na pele de Yacala, o negro
cinza, de abafados carvões,
negro do negro sem emprego;

no corpo, a curva simetria
da dor em arco se estendia.

086

O sono, esse vício ancestral,
expulsou um terço da vida,
que poderia ser bem outra
com as armas todas da vigília;

então, falta um terço de tudo:
da festa, da prece, do estudo;

e é no pedaço desse terço
de tudo, nas noites de opala,
que o cientista paga o preço

de ter sumido tantas eras
na água parada das esperas.

087

Yacala colocou uns jarros
nos papéis e abriu a janela:
a linha do mar era cinza,
não passava nenhuma vela;

busca no mar, contínua homilia,
novas injeções de vigília;

mas uma ânsia de velejar,
largar o rastilho da estrela,
começa logo a incomodar,

e fecha-se em seu epicentro
onde a viagem é para dentro.

088

A vida levanta-se cedo,
dilata os olhos da inocência,
joga da torre velhos anjos
e quebra os braços da indulgência;

é sempre a mesma, de era em era:
não tem pressa, mas não espera

que a bilionésima Adriana
tenha estômago para vê-la
regendo todas as matanças,

como um deus a escandalizar,
sem a própria mão decepar.

089

Essa luz, anticlaridade,
não estava lá no Cruzeiro
do Sul, contemplado na infância
pelas janelas do mosteiro;

com toda a certeza não era
uma estrela-babá, de chinelas,

fiando à mão um enxoval
para estrelas recém-nascidas,
dentro do berço sideral;

mas essa luz cega o seguia
emboscada em sua alegria.

090

Yacala chega à solidão
maior, não a do anjo caído,
mas a da impossibilidade
suprema de ser socorrido,

após subir até a borda
do desfiladeiro, sem corda,

após seu estágio de náufrago,
que abre a garganta para as ondas,
esmagado pelos abraços,

para chegar ao pão comum
da solidão de cada um.

091

Expulso o sono, seus vazios
enchiam-se de alucinações
ou pesadelos de vigília,
que lhe chegavam em frações

de luz, de altíssima voltagem,
abrindo as portas dessa vagem

de onde saltam grãos de demência
ou seus profanos replicantes,
visões de alternada freqüência,

a inaugurar outro episódio
da luz, dando tréguas ao ódio.

092

Numa visão, passam planetas
com oceanos de granito
e altas colunas de esmeraldas
sob chuvas de meteoritos,

e outros do tipo artesanal
com seus arbustos de cristal;

planetas velhos, bisavós,
cheios de frio, a disputar
a última réstia de seus sóis;

no fim, planetas bem dotados,
por muitas luas cortejados.

093

Noutra visão, passam quasares,
vultos vagando entre as esferas,
todos com máscara estelar,
seguindo o enterro da matéria,

mas o cortejo não avança,
atingido pela matança

de tudo, holocausto do pó,
absorvido pela distante
metástase da estrela-mor,

que varre o universo tão bem
para o desfile de ninguém.

094

Numa visão, abre-se um pátio
sideral, entre gases e rochas,
onde a piscar, como lanternas,
entram bandos de nebulosas,

nuvens sem água para as chuvas,
xales dispersos das viúvas

regiões sem Deus do universo,
e outras da cor do pôr-do-sol,
que entram no pátio, já deserto,

dançam ao som das agonias
dos céus em suas cercanias.

095

Noutra visão, surge a galáxia
Cláudia, alertada por gritos,
vem acalmar suas vizinhas
ameaçadas do infinito;

leva a energia do perdão
à mais nova constelação,

mas ela própria não supunha
que, atrás de si, a estrela solta
já estendia longas unhas

sobre os indefesos semblantes
de suas filhas mais distantes.

096

Numa visão, novas estrelas,
como redondos pães de trigo,
desaparecem na fornalha
daquela estrela do castigo;

em suas órbitas, escravas,
eram colhidas como favas;

outras, na própria sementeira,
eram caçadas com mais fúria,
por serem todas jardineiras

da luz, da matéria em delírio,
almas dos cravos do martírio.

097

Noutra visão, a estrela cava
a grande falta, a grande perda,
juntando todos os abismos
numa só cova gigantesca,

onde, luz cega de nascença,
tateia em busca da presença

da mais extinta das platéias,
para mostrar, por entre as chamas,
como de cósmica Medéia,

a vulcânica vulva, em vias
de devorar as próprias crias.

098

Numa visão, a da eutanásia
mais universal e sem termo,
a luz em fúria vai sugando
as legiões de astros enfermos,

as lavas e lamas sidéreas,
toda a escuridão da matéria;

passado o surto convulsório,
leva também a estrela Núbia,
dália de azul radioativo,

quando brilhavam de incerteza
as suas pétalas acesas.

099

Noutra visão, o eclesiástico
céu, dividido em falanges,
some em corredeiras de fogo
e, lá no fim, perde seu nome,

quando essa estrela de Yacala
passa e destrói, vala após vala,

brotos de luz a renascer,
sob o esterco de luas mortas,
e astros velhos a se esconder,

com tanto medo, nas cavernas,
que já apagam suas lanternas.

100

Essas visões eram sem ritmo,
não tinham regularidade,
e ocorriam como trovões
no discurso da tempestade;

eram pesadelos a voar,
sem um sono para pousar;

seu visionário não dormia:
movido a café e visões,
no seu trabalho prosseguia

à flor da fúria, pois em paz
a razão pura nada faz.

101

Na parede do lado norte,
voltou também o verde-oliva,
e apenas diminuto gráfico
substitui a outrora viva

malha de signos inquietos,
meticulosos como insetos,

a transmitir nova esperança
àquela moça emparedada
de estar no final a vingança

desse negro em auto-senzala
com o nome de todos: Yacala.

102

Adriana um dia atravessa
o caos, o vulto de Yacala,
e apanha do chão um caderno
pisado, bem longe da mala;

abrindo-o ao acaso, a moça
leu, entre outras frases soltas:

"nojo de usar o sanitário;
estas sempre repugnantes
pausas, no meio do calvário";

a moça fechou o volume
e abriu seu vidro de perfume.

103

Cálculo a cálculo, Yacala
chega à estrela pantagruélica,
sozinha na ceia, a servir-se
da massa muda, da evangélica

energia transubstanciada
em anjos e astros, nas caladas

rotas dos tristes firmamentos,
essa energia concentrada
em rochas, lágrimas, adventos;

calcula quando frente e verso
no Todo estarão submersos.

104

Para chegar à sua fórmula,
mais e mais rápido trabalha,
grafa com giz, bate nas teclas,
travando as últimas batalhas;

do computador às paredes
Yacala tece suas redes,

porém, um segundo desmaio
derruba, repentinamente,
o cientista no assoalho;

mas, desta vez, uma Adriana,
em prantos, estende-lhe a sombra.

105

Todo dia sem alegria
é um dia perdido, é um dano
a mais na hélice da esperança,
movida a pó, ano após ano;

e é desses dias em aberto
que Yacala faz seu incerto

diário da luz em extinção,
enquanto rastreia no espaço
a estrela da destruição:

enquanto não lhe sopra a fé,
é uma torre de pó em pé.

106

Não procura, como os artistas,
ordenhar os seios das nuvens,
subir montanhas de Albertina:
sem massa, sem peso, só cumes;

e, algemado ao cálculo bruto
do cinza, da treva, do luto

que aquela luz enraivecida
vai deixando por trás de si,
Yacala assombra-se à medida

que se descobre na caçada
da própria chama projetada.

107

Quando mudar é, simplesmente,
ser no outro ser, sob a promessa
de assustadora eternidade
que a alma do cosmo atravessa,

que gorjeios de anjos essa gente
suporta ouvir eternamente?

bem-vinda estrela do escarmento,
que atrai os astros como o ímã
da carne atrai o sofrimento,

cisma Yacala, sob a sanha
do anjo da cólera em campanha.

108

Em suas idas à cidade,
logo ao sair do manguezal,
Adriana passava sempre
no povoado do Pontal,

e olhava, atenta, aquelas redes
secando ao longo das paredes,

jangadas velhas e catraias
nas caiçaras a encardir
e os pescadores, nas calçadas,

mudos, a olhar o mar defronte,
juntando ventos no horizonte.

109

Fernando, no seu bar-palhoça,
de paupérrima freguesia,
ao ver Adriana passar,
não pensava em Deus, nesse dia;

sente mais força na barragem
do grão inchando-se na vagem,

e respondia ao cumprimento
daquela fêmea a intumescer
toda a massa, como um fermento;

depois voltava aos afazeres
de servir álcool aos fregueses.

110

Em vôo rasante, de passagem
por céus distantes, duas águias
ou dois cometas, Lúcio e Elsa,
apareciam nessas praias

com luz de festa, a copiar
o sol do caderno escolar;

apareciam nos invernos,
para levar aos pescadores
o som dos abraços fraternos,

e esse som, de altíssima escala,
chegava às sombras de Yacala.

111

Quando puras, ciência e arte,
ainda virgens no ataúde
(por falta de oportunidade),
fazem da falta uma virtude;

falta dos corpos em pedaços
na equação muda dos espaços;

mas esse equívoco Yacala
só pressente tarde demais,
quando o universo faz as malas

da piedade, pondo apenas
da vida as pétalas pequenas.

112

Porque a verdade, quando inútil,
alarga certas cicatrizes,
e não é cardápio na mesa
desforrada dos infelizes,

Yacala sofre a descoberta:
sua verdade não liberta,

é de remorso mais despida
que o Absoluto, um cadafalso
cravejado de margaridas,

é "fogo amigo" na batalha:
derrete todas as medalhas.

113

Desde a calçada do mosteiro,
a vida foi uma demora,
uma fila indo para trás,
recuando até ficar fora;

pelos horários perseguido,
foi falso seu tempo perdido;

chegou tarde, mas chegou antes
da nova contagem de corpos
limpos, nos vácuos radiantes,

antes de a própria estrela magna
evaporar a última lágrima.

114

Quando se acaba a bateria
do *walkman*, Adriana mata
a náusea a sondar os enigmas
das notações de Yacala;

lê o perfil do pesadelo
sem atinar ser o modelo:

"Alegre, porque distraída
dos inimigos emboscados
nos extremos de cada vida";

chama o cão e tenta lá fora
respirar seu eterno agora.

115

Colocou ferro nos seus números,
blindando-os contra a fantasia,
mas a verdade, sem retórica,
nem a si mesma convencia,

e seu projeto foi bater
lá onde o céu pudesse ler;

dentro dos templos consagrados,
não morava nenhuma dúvida
que contratasse seus trabalhos;

chegou tarde, perdeu a sorte,
o último meio de transporte.

116

Qualquer pássaro, quando cai
morto, de qualquer altura,
as plumas reduzem a queda
a uma batida quase muda,

mas Adriana percebera,
nítido, esse ruído de cera;

e foi o terceiro desmaio
a derrubar, subitamente,
o cientista no assoalho;

ergueu-o com virtude tardia,
usando, agora, a força fria.

117

Adriana já imergira
no seu sono paradoxal:
no rosto imóvel, só as pálpebras
azuladas davam sinal

da vida assistindo, lá dentro,
suas águas em movimento,

quando o latido do seu cão,
despertando-a, levou-a à porta
que deixara entreaberta (ou não?);

lá fora, um vento de naufrágio
desembarcava seus presságios.

118

No dia seguinte, não longe,
Adriana pensou ter visto
um esquisito carro preto
de capota branca, escondido

numa curva do manguezal,
entre a palafita e o Pontal;

sentiu que estavam a segui-la
os fantasmas de farda ocre;
quando a noite veio da vila,

o medo aumentava à razão
do tamanho da escuridão.

119

Agora, só quatro resumos
a giz manchavam, como estigmas,
o verde-oliva das paredes;
e trabalhando esses enigmas

com frêmito, Yacala ruma,
enfim, para a última súmula;

mais do que nunca, sem notar,
no esplendor negro de Adriana,
o medo, pálido, avançar:

não só a estrela do eremita
rondava a sua palafita.

120

Noite de nimbos: as corujas,
escondidas atrás dos ventos,
espreitam, junto dos rochedos,
os camundongos sonolentos;

e aquela estrela de domingo
atravessa a noite dormindo:

só o cão escuta as pisadas
subindo os degraus de concreto:
pisadas leves, menos altas

do que as batidas e o furor
de Yacala, no computador.

121

Adriana entrara no sono
quando a porta fez-se em pedaços;
a morte, sem modos, queria
ganhar em dobro pelo atraso;

agora, estavam à paisana
os caçadores de Adriana;

só não contavam com o negro,
alto doutor, vestindo bata
e em pé, diante da parede;

mas, depois de muito surrá-lo,
dão-lhe, de graça, um intervalo.

122

Por hábito, sentam Yacala:
pulsos doendo nas algemas
e riachos de sangue no rosto
deformado pelos edemas,

para ver Adriana transida,
já completamente despida,

a ser gasta em revezamento
por quatro vermes, e largada
em sangue e urina, no cimento,

e depois, já meio amolecidos,
calando à faca seus gemidos.

123

Yacala olhava, mas não via
os emissários da justiça
mergulhando na carne nova
como rapinas na carniça;

não via ainda, não descera
totalmente de sua estrela,

julgava outra alucinação,
que alguém houvesse trocado
um sinal de sua equação,

ou que novo distúrbio em Sírius
causasse mais este delírio.

124

Quando Adriana, no estertor,
gritou bem alto: Y-a-c-a-la!
no olhar turvo do cientista
miúda centelha se instala:

luz de vela a chegar de longe
às pupilas do quase monge,

aprofundando-se na treva,
que encrespa o pêlo e alonga as unhas,
insegura em sua caverna:

de onde ele está não desce, agora
que a estrela próxima estertora.

125

Morta Adriana, inunda a sala
a explosão do fogo profano,
e antes que aos olhos de Yacala
voltasse todo o brilho humano,

o cartucho de uma escopeta
jogou-o longe da banqueta,

sangrando, uma sombra sangrando
sombras vermelhas no assoalho,
que se alaga, sombra sonhando

a milênios-luz do seu alvo,
onde cresce o fogo sagrado.

126

Ao segundo tiro, a janela
do norte foi espedaçada,
e entra um bando de ventanias
levando toda a papelada

de Yacala: suas sinopses
e vários atestados de óbito

de galáxias recém-nascidas,
além de súmulas e gráficos
de sua estrela enlouquecida:

folhas brancas, no mar, no mangue,
todas salpicadas de sangue.

127

Agora, o grupo de extermínio
nada mais tendo a saquear,
repartidos todos os trastes,
já começara a se afastar,

quando chega até os ouvidos
do líder um baixo ganido:

era "Sertão", ou seu fantasma,
a farejar pelo assoalho
as frescas papoulas de plasma,

e tão cercado pela morte,
que foi deixado à própria sorte.

128

Pelo ar, espalhou-se o convite
dos mortos, casa franqueada:
urubus entravam e saíam
pela janela espedaçada;

lá dentro, em júbilo, uma orgia
de asas pretas escurecia

um velório de carpideiras
que não carpiam, só cavavam
a carne, como em fins de feira;

no meio, um cão, entre destroços,
disputava os restos dos corpos.

129

Três pescadores de xaréu,
vindos da colônia do Paiva,
do pequeno barco avistaram,
a quarenta metros da praia,

a nuvem funerária, o bando
de aves pretas sobrevoando

o mangue, a casa de concreto,
pensaram ser algum peixe
apodrecendo ali por perto:

"é outro mero", diz Zacarias,
quando o barco se distancia.

130

João, o Cabral dos pescadores,
olhava cedo esse hidromel
brilho das águas, procurando
novo cardume de xaréu,

e, ao desviar o olhar das maretas,
também notou as aves pretas

pichando o céu com suas danças,
onde um trecho da palafita
vaza o verde das vizinhanças;

mas, como bom pentecostal,
volta ao seu mundo de água e sal.

131

Foi o jangadeiro Gilvan,
homem de índole escoteira,
que, ao ver as aves, arriou
a vela e jogou a fateixa:

sentiu algo maior no ar
que a perversidade do mar;

de repente, jônica vaga
joga um molhado fragmento
de papel em sua jangada;

mal o recolhe, vê as margens
do mar cobertas de mensagens.

132

Já caminhando sobre as dunas,
Gilvan começa a recolher
aqueles papéis salpicados
de sangue e signos, sem os ler;

vai colocando no seu saco
plástico todo o mapa abstrato

do céu, em pedaços na areia,
nas folhas de cera de mangue,
nessa manhã de maré cheia,

esquecido das aves frias
que o fitavam nas cercanias.

133

Rude apóstolo do oceano,
gari descalço, carmelita,
Gilvan apanha o lixo humano
até chegar à palafita,

e o horror cósmico, feito halo
de enxofre, veio coroá-lo:

à sua entrada, as aves tortas
como seguranças da treva,
voaram todas para a porta,

e o que veria, pela frente,
mudou-lhe a vida para sempre.

134

Depois que as aves, debandadas
pela porta e pela janela,
quase jogaram o pescador
ao chão dessa fétida cela,

descobriram para seus olhos
a última nudez, a dos ossos

de Yacala, Adriana e seu cão,
desarrumados como partes
de estrela podre pelo chão:

ainda há carne e se despede,
enquanto há carne o homem fede.

135

Retendo o vômito, Gilvan
levou a mão às narinas
e, após afastar-se, assustado,
da sala, da carnificina,

desceu às pressas os degraus
rumando à vila do Pontal;

mas, eterno gari marinho,
ainda apanhou alguns papéis
que foi achando no caminho:

um sol sem asas, franciscano,
fugia, lento, do oceano.

136

Com seu saco de estrelas mortas
ou profecias de papel,
o pescador, chegando à vila,
como ao tribunal chega o réu,

irradiava o medo pânico
que sai dos ventos oceânicos;

mas, recuperando a postura,
joga o saco cheio de luz
na caçamba da prefeitura:

da estrela-mor todo o sumário
vai nesse carro funerário.

137

O cão, pelas aves rasgado,
já nasceu desaparecido
e nenhuma cadela guarda
as sementes dos seus gemidos;

ao lado da moça, no chão,
que o batizara de "Sertão",

às bicadas das aves pretas,
vai se limpando desse lodo
chamado vida, greta a greta;

mas, quanto mais leve, parece
que, sob os pássaros, se mexe.

138

O sul do Atlântico recorda-se
de Adriana, a alta princesa,
que caminhava com seu cão
nas praias dessas redondezas;

pelos macios grãos de areia,
sua alma de loba ainda passeia,

e os pingos de água-de-colônia
dos seus cabelos inda chovem
sobre os canteiros das insônias:

morre a beleza com tamanho
para olhar de frente o oceano.

139

Mais oculto em sua tocaia
que sua presa nos sertões
infinitos do firmamento,
quando se abriram os portões

gerais de todos os infernos,
de Yacala foi-se o caderno

da caçada à estrela crescente,
dele se foram as vigílias
e a memória mais eloqüente

de quem, numa trilha de lava,
a luz suprema procurava.

140

Nos anais dos tempos perdidos,
não existe tempo de paz:
uma estrela devora mundos,
nenhum deles a satisfaz;

findou-se a heróica agonia
de quem, desperto, a perseguia,

a medir as chamas com a mão,
para alcançar uma alegria
consciente, esplendor da razão,

livre como garra celeste
que no Todo desaparece.

Este livro inóspito
fecha, com o primeiro,
meu círculo cósmico.

Alberto da Cunha Melo

ORAÇÃO PELO POEMA

Oração pelo poema foi publicado em 1969, em separata da revista *Estudos Universitários*, da Universidade Federal de Pernambuco, Recife – PE (22 x 15 cm, 37 páginas, poema único dividido em 30 partes, escrito no verão de 1967).

I

Escrevo de cabeça baixa
por que levantá-la depois?
Não o faça para ser visto
pelos que passarem na estrada.

Viver na mesma posição
mas deixando a alma sair
pelos olhos e pela boca,
como água a jorrar de uma estátua.

Este é o tempo em que Deus regressa
pelos quatro cantos da casa.
Vem desenterrar o poema
do meu corpo e gritar comigo.

Recebo-o diante do espanto
dos amigos que não o vêem,
tenho gestos incompreensíveis
e digo coisas já remotas:

Senhor, protege meu poema
e obscurece com tua sombra
os versos mortos, as palavras
que sobram, o tempo perdido.

II

Senhor, dá-me a palavra brisa,
irmã das fontes, dá-me agora,
qualquer palavra que suavize
a minha vida, para sempre.

Dá-me uma canção que me salve
no tempo em que as canções morreram,
para tocá-la no piano
velho, cada noite mais alto.

Cobre várias vezes com a gaze
de tuas nuvens o vocábulo
ferido (como eu) na cidade
dos cegos, pisado por eles.

Levanta as brancas persianas
sobre a manhã — que só começa
quando ouvimos pronunciar
o nosso nome, uma palavra.

Dá-me novamente a esperança
de transmitir todas as coisas
novas, que a noite me disse
ou que teus anjos me disseram.

III

Quando pela noite repleta
de teus chamados, nas pequenas
vozes distingo tua voz
que me ensina a falar do tempo.

E certa noite me disseste
uma palavra que sufoca
todas as outras, mas não posso
pronunciá-la antes do sol,

antes que a vida amadureça
as esperas mais dolorosas,
antes que morram de vividas
as pequeninas locuções.

Seguro teu retrato: a túnica
inexistente já se move
ao vento do postal, com sombras.
Tua voz é mais verossímil,

surge como o vento noturno
que trouxe a página perdida,
e que me fez continuar
a luta, o poema parado.

IV

Talvez as palavras se esgotem
neste poema, e aqui terminem.
Mas tenho a mesa iluminada
ainda, não me abandonaste.

Estás tão perto que me assusto
ao tocar nas cortinas: todas
rudes e brancas como a túnica
que os pescadores te ofertaram.

Senhor, estou cansado, senta-te
aqui, é tua vez agora.
Vem terminar o doloroso
poema, que enfrenta as estrelas.

Faltam somente para o fim
duas estrofes corriqueiras,
e hás de encontrá-las para o filho
insone, operário três vezes.

Nada em troca receberás
a não ser um outro pedido
de palavras, de outras palavras:
matéria, prima do poema.

V

Deixaste-me um momento. Agora
ergo os braços para acender
velhas lanternas que não mostram
o perdido vocabulário.

Longe de ti o meu poema
vai esfriando como os rios
de outros países, vai freando
gelado, no meio da página.

Pergunto agora pelos ventos
arrogantes dentro da noite,
pergunto agora que umedeço
em vão o gesso do papel.

Sem ti, entrego-me de todo
às exigências do meu tempo,
e começo a estender a folha
vazia aos outros companheiros.

Quando decidires voltar
na alta madrugada, verás
o teu filho ainda parado
no último verso que ditaste.

VI

Tocam-me de repente o rosto
as lufadas de luz. Eu nada
vejo mas estou incluído
no tempo, na manhã que chega.

Voltaste como um grande amigo
e por trás de mim colocaste
as tuas mãos sobre os meus olhos,
mas não foste reconhecido.

Pouco depois, quando as palavras
fluíram fáceis, novamente,
eu compreendi que estavas perto,
e meu poema foi crescendo.

Ó vento conterrâneo! ó nuvem!
passai depressa para os outros
poetas, mais necessitados
e mais sozinhos do que eu.

Põe-se a meu lado quem defende
da malcriada ventania
o meu poema crepitando
como chama em cima da mesa.

VII

De novo mergulhei a pena
na água, deixaste-me de novo.
A cesta de papéis à espera
do poema que não nasceu.

É tarde para desmanchar
a pose e tirar a gravata,
tudo já foi fotografado
de muito perto por teus anjos.

Cheio de fogo e petulância
assinei o poema. Nem
de leve toquei o teu nome,
Senhor, no teu ombro de névoa.

Saí de casa desviando
todas as brisas para mim,
e fechei a única janela
do companheiro sufocado.

Dentro das brisas de setembro
tua presença era demais,
e foi bom que me abandonasses
um pouco, antes que eu te perdesse.

VIII

Ó eterno regressar de Deus
sobre os seres noturnos, todos.
Troco de roupa e de linguagem
para receber-te de novo.

Ir e voltar de tantas luzes
matutinas, de grandes tédios
roendo, como cães danados,
homens acuados no tempo.

Verão e inverno revezados
sobre as cercas insuportáveis
que avistamos do mesmo ponto,
à mesma hora, há longas épocas.

O cansativo e apaixonante
viver, cruzes acetinadas.
Ó sonho-atleta que venceste
todas as lutas conhecidas.

Competição no grande céu
de nuvens e andorinhas: todos
se viraram para o poeta
vivo, mas ele te apontou.

IX

Publicar-se depois da morte
é dar, pelas costas, um pão;
é jogar um ramo de flores
numa casa morta, e correr.

Pobre de mim que já mostrei
minhas palavras incompletas,
e recebi, antes de morto,
cartas nas mangas da mortalha.

Todas as tardes que me deste
foram consumidas na espera
de tardes que não prometeste
e meus poemas não trarão.

Jogo-me completo no rio
para engrossar a correnteza,
que entra pela casa das máquinas
e sai pelo quintal florido.

Senhor do tempo, dá que eu seja,
após todas as desistências,
um novo afluente a chegar
às tuas águas no verão.

X

Sei que falo destituído
de todas as conquistas do tempo,
ainda tenho as asperezas
de certas coisas intocadas.

Essas novas escavações
devem chegar até meu corpo.
Escuto apenas as pisadas
dos amigos na superfície.

Preciso ser tocado, ainda
que meu corpo de areia solta
seja comido pelos ventos
ao ficar em cima da terra.

Puseste minha voz sumida
numa sala subterrânea,
dá-me forças para cavar
por dentro e irromper num jardim,

ou a certeza de que serei
por um milagre descoberto,
quando os amigos resolverem
plantar aqui uma roseira.

XI

Tudo condenado a nascer
e essa urgência de terminar
o que será realizado
de qualquer maneira a seu tempo.

Com a velocidade vazia
de um cometa despovoado,
jogo na cesta de papéis
todos os convites da noite.

Dá-me a certeza de voltar
ao sítio, onde todas as tardes
velhos eucaliptos me ensinem
como estender as longas sombras.

Planta, ao meu lado, qualquer coisa
que demore a crescer, mas cresça
por dentro, como as criaturas
do teu reino desencantado.

Manda que teus anjos afastem
do tempo e de nossas cabeças
a nuvem mórbida que apressa
o trigo e retarda a manhã.

XII

Se escuto apenas o rumor
da chuva — não está chovendo.
Só chove quando estou molhado
e a planície despovoada.

Então desenrola o poema
tépido, cobre-me com ele:
o cobertor impermeável
contra o tempo, tempos depois.

Já não podemos confiar
no sol, um crédito suspenso,
e perco todo o meu verão
conferindo meus agasalhos.

Chuvas de pedra, são teus anjos
nos baleando das sacadas.
Chuvas de pedra, são teus anjos
sublevados, quebrando as telhas.

Quero estar longe, muito longe
desse começo de revolta,
numa estrada onde lá em cima
não há céu — estrada do céu.

XIII

Por que levarei adiante
este poema ameaçado?
Por que levarei esta vida
tão ameaçada também?

Poesia, poema, por quê?
Disso tudo possuis, senhor,
a chave no bolso da túnica
ou deste a algum anjo a resposta?

Seminovas meditações
sobre a palavra. Nós falávamos
longamente de nossa angústia
e eu tentava falar mais alto.

Poemas ditos e no fim
fazíamos o mesmo trajeto.
Nossas mães e nossas irmãs
olhavam-nos: "tudo perdido".

Quando as vozes ultrapassadas
falavam de tua existência,
nós escutávamos calados,
pensando em novas descobertas.

XIV

O poema ataca de noite
os seres desarmados. Com
requintes de perversidade,
ele aproveita a tua ausência.

Vem equipado, traz nos ombros
os instrumentos da tortura,
as palavras que não desistem
de entrar à força no meu sonho.

O teu ser é impronunciável
e estou cercado de palavras
que procuram, a todo custo,
passar à frente do teu nome.

A minha voz dentro da sombra
é revezada — escuto passos
e sei que algo me levará
daqui a pouco, não teus anjos.

Ainda é noite e sou jogado
às pedreiras do desencanto,
ao trabalho forçado, às grandes
injunções do tempo sem Deus.

XV

Os filamentos da desordem
emaranham minha esperança
e misturam todas as partes
de meus poemas terminados.

Mas eles não têm fim, repetem-se,
formam famílias numerosas,
criam asas, levantam vôo
e tornam-se velhos no céu.

Dá-me, Senhor, essa humildade
de amá-los até mesmo quando
limitados pela exigência
do tempo e a ingratidão dos homens.

Se não conseguem reparar
peças do mundo, ficam vendo
o espetáculo — ainda é cedo
para remontar o boneco.

Sempre será cedo, que possam
antes dos outros escutar
alguns passos no quarteirão
e adivinhar a tua volta.

XVI

Senhor, este poema sabe
o número certo de mortos:
acaba de ler os jornais
do dia, e não está contente.

Olha teus anjos, mas não perde
de vista as patrulhas que rondam
as alamedas do teu reino,
como disse, desencantado.

Entra furioso no templo
para pedir-te explicações,
e tocar os sinos mais altos
e provocar tua inocência.

Volta sem flores do mercado
(para não falar noutra coisa
que magoa a forma discreta
de acusar o tempo que passa).

Segue furtivo e camuflado
como um lagarto, pelas folhas:
Senhor, este poema sabe
de tudo, e não pode dizer.

XVII

Sob o silêncio geométrico
do pátio novo, descoberto,
a Lacônia reconstruída
convoca os seres apressados.

Repartem uma só palavra
entre si, como se fosse a última,
porque não podem cultivar
outra rosa mais numeROSA.

Será o amor? (Ó que pergunta
ridícula para um poema!)
É tua voz renunciada
pelos quatro portos do mundo.

Tentam, lacônicos, deter
o grande rio de vocábulos
com represas que têm apenas
a espessura da pobre página.

De tão fracos, são meus irmãos:
tão ocupados em frear
as velhas águas, que não sabem
quanto chove nas cabeceiras.

XVIII

Agora mesmo perguntaram
porque eu, altas horas do Século,
tal como um cão retardatário,
venho arranhar a tua porta.

Acharam fora de propósito
a maneira como me arrosto
contra tua túnica, rasgando-a
cheio de furioso amor.

Não sabem que te peço a nova
beleza despreocupada,
ante a qual este meu poema
será simples mata-borrão.

Que busco pegar a palavra
entre muitos homens na estrada:
despi-la dentro do ataúde
e fecundá-la novamente.

E nem ao menos compreendem
minha devida gratidão
à grande voz que nomeou
antes de mim todas as coisas.

XIX

A manhã não deve surgir
antes de meu poema acabar,
antes de encontrar a palavra
certa para o dia seguinte.

Este poema é a resposta
que pedi e nunca me deram,
é o outro braço que faltava
para agarrar minha esperança.

Egresso de uma vida comum
e aparentemente perdida,
soube atingir o ponto alto
(não muito alto) do que sou.

Escadas retorcidas, trechos
de desespero organizado
e previsões, as mais absurdas,
emergem salvas como solhas.

Que esta vida e minhas palavras
sejam pedra na superfície:
sejam flores, mas endureçam
na hora de serem arrancadas.

XX

Logo mais baterão na porta
e partirão o meu poema,
e assim partido, seus pedaços,
embora vivos, se repelem.

Há uma fila interminável
diante desta velha máquina:
que venha o próximo, serei
substituído por mim.

Sinto-me verdadeiramente
na chegada, e todo caminho
em volta é caminho da volta
que de modo algum tomarei.

Depois de ti, dize-me, que outro
cume eu ousaria atingir?
O País dos Brinquedos? o Jogo
lúdico, cheio de ventosas?

Não vale a pena me afastar,
antes do tempo, de mim mesmo,
e devo acompanhar-te, pois
longe de ti me decomponho.

XXI

Somente uma tranqüila réstia
de teu vulto ainda consegue
tocar-me a vida neste instante
e iluminar o meu poema.

E o que há de limpo, o que há de luz
(merecida, apesar de tudo)
entram pela telha quebrada
ou pela porta semi-aberta.

Uma réstia na minha face,
atuante, imperceptível,
dá-me por alguns momentos
grandes vantagens sobre o mundo.

Eu não preciso de teu sol
inteiro sobre a minha casa,
basta que venhas clarear
por alguns instantes a página.

E levantarei nessa hora
a canção que todos disseram
estar perdida, e está apenas
emperrada dentro de mim.

XXII

A multidão que me jogou
nesta aldeia tão afastada
não sabia que aqui estavas
à minha espera, há tanto tempo.

Todas as coisas arrastadas
com sacrifício para o quarto:
desta noite não sairá
uma só palavra vazia.

Tudo que havia para ser
levado o vento já levou,
e só resta o que restará
por muitos anos sobre a Terra.

Cabe-me apenas a meu jeito
copiar tudo que encontrei
germinando em volta dos templos
mortos, à minha revelia.

Aceitar a bandeira branca
da página, lutar por ela,
e plantá-la nos pontos altos
de minha vida até aqui.

XXIII

Conheço minha letra, escrevo
para mim, escrevo à vontade.
Mas cada dia sou de mim
mesmo um diferente leitor.

Palavras lidas e vividas,
as únicas pronunciadas,
e tudo seguirá o curso
imprevisível das crianças.

Minha voz é o vocabulário
pobre ou rico deste momento.
Só meus sonhos serão forçados
a ver muito além de mim.

Mas tudo cresce sob a tua
luminosa supervisão.
Cabes em todos os poemas
dos três tempos imaginados.

Novas idéias, novas formas
por todo lado me comprimem:
mas eu defendo minha dor
e saio vivo da cidade.

XXIV

De repente, surge a vontade
de ficar nesta rua clara
e comungar as alegrias
que sobem, bolas coloridas.

É a festa da grande estação
explodida em setembro, quando
todos se dirigem à praia
e me acenam dos caminhões.

Meu verso curto é pequenina
trena medindo o horizonte,
e é cansativo colocá-lo
tantas vezes na superfície.

Ó semicírculo do mar,
arco voltaico do verão,
não saberei ainda o que
falta, neste bojo de luz.

Sei tão somente retirar
do bolso o bloco de papel
e anotar com as últimas tintas
do teu sol o sono do tempo.

XXV

Como um vento muito pesado,
cheio de lágrimas e cinzas,
o poema vai saqueando
a paz, o campo de algodão.

Mas não sabia que este mundo
precisasse tanto de música,
e que voltasse a ser um disco,
agora um disco musical.

Estou liberto para ser
devorado pela palavra.
Que houve contigo que me deixas
esquecer-te rapidamente?

Não tarda que eu tome o partido
do companheiro descuidado,
que julga poder enfrentar
sozinho um poema no mundo.

Daqui a pouco sairei
empurrando minhas palavras:
animais velhos, que só andam
quando sentem tua presença.

XXVI

A cem quilômetros por hora,
solto a direção do automóvel
para escrever alguma coisa
mais urgente que minha vida.

Devo portanto utilizar
o vocabulário econômico
do Século: é proibido
amar, fumar, pisar na grama.

Mas gostaria que restasse
algum tempo para dizer
no poema as palavras súbitas
de recompensa e remissão.

Ó meu Deus, eu quero escrever
a minha vida, não teu Céu.
Eu estou só e enlouquecido
como as ovelhas mais longínquas.

Dá pelo menos a esperança
de terminar o doloroso
poema. Dá isso a teu filho
caído e coberto de sal.

XXVII

Sob a chuva de outra estação
estas mangueiras não florescem:
lenta e definitivamente
me levantas, Senhor do Tempo.

Crescerão apenas as frutas
que o ramo triste suportar.
Todas as demais cairão
verdes, na pocilga assanhada.

Vamos suportar a demora
de Deus, a Poesia: longa
espera, longa paciência
ante os olhos que tudo viram.

Não tocarei as campainhas
de prata, mas com meus poemas
te alcançarei, Forma Azulada,
quando chegar a grande época.

Nem amaldiçoarei os pássaros
de minha espécie (não teus anjos),
mas aprenderão a cantar
com humildade os supremos cantos.

XXVIII

Na vigésima oitava parte
de meu poema estou perdido:
velhas palavras, como dentes,
apodrecem na minha boca.

Sabes de cor as pretensões
impublicáveis de teu filho:
o original que tens na mão
é cópia de um rebanho inteiro.

Aos gritos, mas cheio de amor,
apesar de tudo regressas
com teus mapas acompanhados
de asas do último modelo.

E me apronto para escrever
como se fosse viajar
à noite, com tua lanterna
incidindo sobre meu sonho.

Tua luz vai forrando tudo:
cai como a chuva e vai tornando
navegável, por muito tempo,
este meu rio pequenino.

XXIX

O teu filho distanciado
da própria época não sabe
se é ontem ou se é amanhã,
qual o tempo que é, e que perde.

Julga às vezes pronunciar
a oração que foi omitida.
Mas desde quando o berro humano
te chama, entre pilhas enormes?

A Torre de Babel, de livros,
precipitada sobre a úmida
terra dos grandes alagados,
onde os homens baixo morreram.

Meu desespero submisso
parte a coleira de repente:
Dá-me a força de dominá-lo
ainda, pela última vez.

É o dedo inútil me acusando
diante de ti, que me conheces.
Pobre Terra, forca florida,
razão de ser e de chorar.

XXX

Senhor, nesta manhã de outubro,
ainda com o jeito de quem ia
reiniciar longa viagem,
meu poema chegou ao fim.

Agora todo meu trabalho
é procurar uma palavra
que te agradeça humildemente
todas as outras que me deste.

Entretanto, nem mesmo isso
posso sozinho conseguir:
Dá-me, Senhor, essa palavra,
antes que chegue o último verso.

Que ela se espalhe como as brisas
dentro das minas, de repente,
e una-se sólida na hora
em que apertar a tua mão.

Quero morrer, quero alcançá-la,
e já começo a persegui-la
como se fosse uma serpente
que fugisse com minha morte.

Posfácio

Bruno Tolentino

Quando, à maneira de um cineasta das palavras, em 1.540 versos tão densos quanto exatos e tão plásticos quanto musicais, Alberto da Cunha Melo desenrola ante nossos olhos, até a última e excruciante cena, a saga hitchcockiana de seu *Yacala* — imperdível filme de horror, todo ele rodado com a cumplicidade e os riscos da mais drástica beleza —, faz mais que enriquecer imensamente a arte de poesia em nosso idioma: devolve-lhe sua posição de ponta no mais amplo quadro da literatura universal. Exatos cem anos antes, o maior gênio da brasilidade fizera culminar sua nada fantástica *symphonie noire* com o excruciante *largo penseroso* de seu *Dom Casmurro*; a que iria acrescentar, um lustro mais tarde, ao modo de uma *coda* cruel, o pretenso minueto de *Esaú e Jacó*, mimosas variações do nada sobre o nada, ao cabo uma feroz *Grosse Fugue* disfarçada em voltarete de sarau... Primeira pena nativa a transpor os limites da especificidade nacional para chegar à universalidade da grande arte, nosso Próspero mestiço confessava ao mundo em nome da mãe-pátria de Dona Plácida: *this thing of darkness I aknowledge mine* (*The Tempest*, ato II, cena 3).

Fechava-se assim nosso século inaugural como nação autônoma, e abria-se aquele em que o novo e buliçoso Ariel tropical, tão cabal e ferozmente retratado no espelho da besta Calibã, iria fazer tudo em seu poder para voltar-lhe as costas. Encosta abaixo, em busca, já agora, de uma peculiaríssima versão "positiva" da auto-análise, entre o ufanismo *belle époque* e o autofagismo futurista, o recém-nascido passaria outros cem anos entre a casa grande e a senzala, a perguntar-se quem era e a tratar de persuadir-se de que o inventário sociológico de suas *raízes* o absolveria do *tronco* em que pendurara seu sonho de um Brasil íbero-liberocrata. Ou seja: à sombra bem mais tranqüilizante do Primo Basílio ou de Macunaíma, livre-pensador maçônico acusando o Padre Amaro e lambuzando-se de estetismos, a besta já exposta e sentenciada providenciaria, sob levas e levas de maquiagem semi-importada, um novo auto-julgamento com absolvição garantida: bastava-lhe trocar de Conselheiros, dando Aires pelo Acácio...

Agora, precisos e preciosos cem anos após a cabocla do Morro do Castelo ter publicamente apalpado o expansivo ventre nacional e anunciado aquelas enigmáticas "cousas futuras" que tanto angustiaram a aflita mamãe dos futuros gêmeos inconciliáveis, sabemos o que elas continham, pois não? E, ainda assim, entre proclamações e abdicações, a arte nativa acabou mesmo por firmar seu auriverde pendão; com mais verve que gravidade, talvez, obstinamo-nos em escavar tão fundo que acabamos por subir outra vez a encosta que o Ariel parnasiano descera saltitante rumo à Semana de 22... Finalmente, outra vez nus diante do espelho rachado de tantas ilusões, recobramos fôlego e esperança: sabemos quem somos e como dizê-lo ao mundo de modo a efetivamente fazer-nos ouvir. Incrustando-a na nova dicção, o magistral e candente tríptico que o leitor tem nas mãos confirma a sombria lição de mestre Machado, e voltamos a ouvir, em meio ao mais denso negror, a luminosa música da mente confessar-nos: "essa coisa da treva eu a reconheço como sendo minha..."

Vale dizer: se nos incha o legítimo orgulho de termos outra vez entre nós um Próspero de semelhante porte, desta vez conhecemos-lhe o preço: toca esvaziar-nos de toda pretensão triunfalista e curvar-nos àquela operação da humildade que ensina a renunciar ao que temos de mais defensivo ante o mistério da dor humana. Nunca foi outra a função, eminentemente redentora, da grande arte: levar-nos àquele ponto em que tudo nos trai, máxime nossos sonhos, para que ali, e só então, "a dor que transcendentaliza" nos despoje e liberte para "a *única coisa necessária*" (Lucas, 10:42). Porque, uma vez rodado o último rolo, quando por fim reacendem-se as luzes na sala escura da mente e o expectador-leitor volta a derradeira página e esfrega os olhos pesados de emoção, é de crer que mais de um perceba, e possivelmente ressinta-o, o fato de que algo de estranhamente novo e libertador insiste em chamá-lo pelo nome: *libera me Domine*, canta a alma ao ponto mais negro de sua via dolorosa, a criatura à hora do *opus nigrum* que a prepara à transfiguração apoteótica. Assim também com a grande arte: sempre que o terror do belo irrevogável nos vira pelo avesso, tudo dói, menos a graça...

Foi exatamente o que vi acontecer a mais de um leitor quando andei emprestando meu exemplar da edição artesanal de Olinda: via-os, entre o pasmo e o embevecimento, chocados de ceder a um entusiasmo a um passo do pânico, confidenciar-me que lhes ficara a impressão de haver literalmente "assistido" a seu próprio sentenciamento e execução... E, com efeito, para mim também a primeira leitura valeu por um choque intelectual de cujos efeitos, soube-o instantaneamente, não me poderia mais livrar. Por que o desejaria, de resto? À medida que absorvia, *autant que faire se peut*, o torvelinho cinemático-musical que me ia enredando e confundindo à trajetória exemplar (mas nem por isso menos crível) do negro astrônomo augural, ia-me dando conta de que, se a experiência me abalava tanto era porque me reconduzia uma vez mais ao "coração da treva", tão conradiano quanto afinal machadiano; e que ali, na arena sanguinosa do milenar Coliseu de heroísmos e martírios da mais alta literatura ocidental, esperava-me o meu particular *opus nigrum*...

Não me acalmei lá muito, confesso-o: a cada cristão seus leões, eu sei, mas haja sangue frio! É que, se um livro tão "negro" logra ser leoninamente luminoso, à maneira daquelas esplêndidas feras que parecem a própria encarnação da luz, resta que aquele homem face a "sua estrela de puro cálculo", é bem mais que uma mera *dramatis persona*, é uma desafiante caricatura nossa. E é isso que nos inquieta: somos chamados a uma importuna e inevitável auto-verificação... Yacala faz pensar num Hércules deixando-se devorar pelo Leão de Neméia, e, no entanto, o que mais impressiona no poema é que, ainda assim, esse mesmo personagem, suicida ao modo do bicho-da-seda sacrificial, tira das próprias entranhas o inteiro livro, mas não se exaure numa ficção, não emblematiza simplesmente um drama cuja estatura cósmica extrapola até mesmo as molduras do mais forte e original estro poético surgido entre nós neste último meio século. Yacala, aquele ébrio das tentadoras equações da mente, um homem cujo nome é Homem, consegue ser, não obstante seu poder alegórico, uma presença real, como o têm sido tantos marcos da melhor arte no tumultuoso ideário pós-renascentista. Senão vejamos.

Quem disputaria ao recém-chegado seu direito de caminhar ao lado do *Idiota* de Dostoievski; de em plena tempestade topar com um Lear delirante e nu; de banquetear-se à mesa do conde Ugolino; de cambalear semibêbado em Petrogrado no encalço da encapuzada Dama de Espadas puchkiniana? Tanto podemos observá-lo entrando naquela barbearia de Barbacena a tempo de assistir à coroação-abdicação do infeliz Rubião, quanto nos é fácil imaginá-lo, absurdo como um Ariel geômetra, a ponderar, conhaque à mão, a plausibilidade mefistofélica das teorias do Adrian Leverkhun de Thomas Mann... Por toda sua carga simbólica, o recluso da palafita fatal não é menos "real" que Raskolnikof, Lorde Jim, Fedra ou Brunetto Latini; não custa ouvi-lo, mais um *desdichado* a murmurar: *nessun maggior dolor*, e a clamar entredentes: *j'ai rêvé dans la grotte où nage la sirène*... Ora, mais que "tratar as sombras como coisa sólida", o triunfo maior da grande arte é trazer das sombras vidas tão vívidas em imagens tão firmes que nem estas esmorecem nem aquelas se extinguem em nós uma vez finda a aventura do texto e o prazer da leitura.

É, sem dúvida alguma, o que temos aqui. Assim como muito tempo depois de fechar o volume das *Memórias póstumas*, continuamos a ver Eugênia, a Flor da Moita, saudar majestosamente um Brás Cubas encanecido para, arrastando a perna, puxar entre os dois, senhorilmente, a cortina de seu pedaço de cortiço; assim vemos Yacala refazer os mesmos cálculos e cuspir o mesmo sangue todos os dias, estrela ou não estrela. A última cena, a do massacre, não esgota nossa perplexidade, muito menos apaga as figuras de Mestre Bai, o Apolônio do nosso Hamlet negro, ou de sua filha, a Ofélia de Yacala... Quanto ao fim sutilíssimo do poema-livro, aquelas folhas soltas grávidas de preciosos cálculos boiando no infinito da dor inútil, tampouco nos fazem esquecer o detalhe mais banal da tragédia: seguimos ouvindo o alvoroço do pobre cão martirizado, que algo tem a ver com o Quincas quadrúpede ganindo sua dupla orfandade pelos ermos pedregosos das Gerais.

E uma vez mais o constatamos: *opus nigrum* de um mestre da dor musical, o que este conciso drama em menos de oito mil palavras nos dá é o acesso imediato ao salão maldito dos mais esplêndidos e arrepiantes delírios metafísicos deste nosso abastado e atormentado Ocidente. Em cujas páginas mais brilhantes desde o florentino, e sempre mais a partir de Shakespeare, Cervantes e Goethe, o belo, o farsesco e o demoníaco nunca deixaram de dar-se as mãos familiarmente. Baudelaire, nessa ótica, não teria feito mais que levar às últimas conseqüências, cabíveis ou não, aquela milenar ambigüidade que Höelderlin, Blake e Leopardi já haviam como que folheado de mão trêmula antes de dá-la ao vento dos tempos que começavam a precipitar-se e a abrir-se como um vórtice. Qualquer um deles poderia nos ter narrado a saga do ex-noviço que, com um rolo de notas cifradas extraídas a um depósito de lixo cirúrgico, poria, em nome da inteligência e do infinito, a vida e a alma em risco na caça a uma hipotética estrela-harpia.

Nada mais cabível em nosso tempo — ou no deles — a admitir que não se trate ainda do mesmo hipnótico presente, tão renitentemente kantiano... E não seria aquela estrela de puro cálculo — espécie de travesti celeste da mallarmaica *absente de touts bouquets* — o mais fino ícone, a górgona sideral, o ponto de vertigem daquele mesmo abismo que arrancara a Pascal sua famosa frase? Não seria o eterno silêncio daqueles mesmos espaços infinitos a espiar aqui o tresloucado Yacala, como há séculos vem assombrando os mais inspirados criadores de fulgurantes e inapagáveis pesadelos? Não teorizemos às expensas de um drama vital que é todo o contrário de uma dissertação, mas como não ponderar com este livro espantoso: se o belo inteligível plotiniano for mais do que um sonho, tanto maiores serão a temeridade de contemplá-lo no sarcófago de cristal das abstrações e o risco de ir buscá-lo ao infinito aberto de que a mente é um tão precário quanto ambicioso espelho ávido. Não sei quem me disse ao ouvido certa vez que "o intelecto é o espelho do vazio / e esse vazio é cheio de ilusão..." Poderia tê-lo dito melhor, mas não poderia tê-lo ilustrado com mais pertinência, inventividade, arte, engenho e humanidade que o autor deste livro monumental e minucioso, de capa a capa tão exato e extravagante quanto doloroso e belo.

Com ele, trinta anos após esculpir em pungentes seiscentos versos sua originalíssima *Oração pelo poema,* e, como se não bastasse, estendendo-o e ecoando-o nas 125 magistrais variações sinfônicas que tecem a insuperável obra-prima aqui chamada de *Meditação sob os lajedos*, entre duas sinfonias e uma oração, Alberto da Cunha Melo não só confirma sua reconhecida estatura de poeta maior em nosso idioma, mas inscreve-se definitivamente entre os grandes, os maiores vates de nosso tempo em qualquer língua que eu conheça. Certamente naquela meia dúzia com o melhor das línguas com que por décadas convivi, digamos, mais intimamente; se escrevesse em qualquer delas, este autor já estaria em todas as bocas a caminho de Estocolmo... Mas dessa improbabilidade consola-nos o fato de que, por aqui ao menos, com esta obra penetramos, para nele permanecer e crescer, no território puro e firme da Linguagem, daquela ininterrupta, una e pura fala (*unershöpflich Eines, Reines, spricht*) que Rilke nos adverte ser o elemento próprio ao drama do homem fragmentado, como aos pedaços do Orfeu que lhe cabe reunir no mais agônico de seus vôos.

Sturm und Dräng, aber Dichtung und Warheit!, insistiria aqui o sábio de Weimar... E se de verdade se trata, tanto quanto de poética, é que, elevando nosso sofrimento e ampliando os horizontes à arte que cá se vem fazendo no idioma de Camões e de Pessoa, o maior poeta-em-exercício no Brasil deu-nos mais que um maníaco encurralado pela Idéia e assassinado pela besta-como-tal: deu-nos, machadianamente, uma lição de dor, loucura e redenção pelo mistério da poesia, "luz angélica e negra", segundo o célebre verso de Seferis. Tão grego quanto negro, definitivamente voz universal e *cosa nostra*, Yacala, seus amigos, seus algozes, seus cálculos e seus ecos, e até seu cão, ficarão fulgurando eternizados do Capibaribe ao Oiapoque e do Tietê ao Chuí. Seu delírio — tão nosso! — e seu martírio — tão moderno! — serão um só quisto luminoso em nosso negrume, porque Yacala veio para ficar e crescer na alma nacional: irá com ela aonde ela for. Desde já, insere-se com natural ar de família ao lado do *I-Juca Pirama*. Leiam e confiram, meninos, eu li, vi e ouvi o caso mais espetacular de alta poesia narrativa em nossa lira desde o canto de morte do imortal timbira. E olha que por aí já vão quase século e meio...

São Paulo, agosto de 2003

Obras do autor

Livros em verso

Círculo cósmico. Recife: UFPE, separata da revista *Estudos Universitários*, 1966.

Oração pelo poema. Recife: UFPE, separata da revista *Estudos Universitários*, 1969.

Publicação do corpo. In: *Quíntuplo*. Recife: Aquário/UM, 1974.

Dez poemas políticos. Recife: Pirata, 1979.

Dez poemas políticos. Recife: Edições Pirata, 1979, segundo clichê.

Noticiário. Recife: Edições Pirata, 1979.

Poemas a mão livre. Recife: Edições Pirata, 1981.

Soma dos sumos. Rio de Janeiro: José Olympio, 1983.

Poemas anteriores. Recife: Bagaço, 1989.

Clau Recife: Imprensa Universitária da UFRPE, 1992.

Carne de terceira com poemas à mão livre. Recife: Bagaço, 1996.

Yacala. Recife: Gráfica Olinda, 1999.

Yacala. Natal: EDUFRN, 2000, edição fac-similar, prefácio de Alfredo Bosi.

Meditação sob os Lajedos. Natal/Recife: EDUFRN, 2002.

Livros em prosa

Um certo louro do Pajeú (reportagem). Natal: EDUFRN, 2000.

Um certo Jó (reportagem). Recife: Uzyna Cultural, 2001.

Planejamento sociológico. Recife: Massangana, 1978, em co-autoria com o sociólogo Roberto Aguiar.

Antologias de edição internacional

Aos mestres com desrespeito; História da Princesa Alegria. In: FARIAS, Pedro Américo de. *NOR destinos*. Coletânea do Nordeste Brasileiro. Lisboa: Editorial Fragmentos, 1994, p. 18-19.

Lendo Emile Zola; Cartão de visita. In: SARMENTO, Lourdes (org.).

TOLENTINO, Bruno (trad.). *Poésie du Brésil.* Paris: Vericuetos, 1997, p. 34-37, edição bilíngüe, português - francês.

Antologias de distribuição nacional

Canto dos Emigrantes. In: PINTO, José Nêumanne (org.). *Os cem melhores poetas brasileiros do século XX.* São Paulo: Geração Editorial, 2001, p. 195-196.

Relógio de Ponto. In: RODRIGUES, Claufe; MAIA, Alexandra (orgs.). *100 anos de poesia.* Um panorama da poesia brasileira no século XX. Rio, O Verso, 2001, v. II, p. 70-71.

Belo Monte. In: DE FERNANDES, Rinaldo (org.). *O clarim e a oração.* Cem Anos de Os Sertões. São Paulo: Geração Editorial, 2002, p. 129 - 134.

Antologias de distribuição regional ou estadual (PE)

Mesopotâmia; Endereço profissional; Hebdomadário; O cidadão na Alvorada; O matadouro. In: ELÓI (org.). *Lírica.* Recife: Elói Editor, 1967, p. 5.

Mártir Luther King. In: ELÓI (org.). *Antologia dois.* Geração & Gerações. Recife, 1968, p. 5.

Plataforma. In: ELÓI (org.). *Geração & gerações* (Poesia). Recife: Elói Editor, 1969, p. 3-4.

No Acre depois de conhecê-lo. In: CARLOS, Jorge (org.). *Coletânea de poesias acreanas.* Rio Branco: Cia. De Teatro Quarto Fuso, 1981, p. 31-54.

O boi também sabe comer. In: HORTAS, Maria de Lourdes. *A cor da onda por dentro.* Poesia para crianças de trinta autores brasileiros contemporâneos. Recife: Edições Pirata, 1981, p. 17.

Aos mestres com desrespeito. In: [S.I]. *Miguel Arraes.* Um nome que se faz poesia. Recife, [s.e.], 1985, [s.p.]. Álbum em lâminas, com ilustrações de diversos artistas plásticos. Ilustração da capa do pintor João Câmara.

Alta residência. In: MAGALHÃES, Eduardo Freyre; GAMA, Iran; CRUZ, Paulo Bandeira da; ARAÚJO, Vital Corrêa de. *Poetas da rua do Imperador.* Recife: Pool Editorial, 1986, p. 18.

Quando chove no Progresso do Recife. In: BEZERRA, Jaci; PONTUAL, Silvia (org.). *Álbum do Recife.* Recife: Prefeitura da Cidade do Recife,

1987, p. 21. (Edição comemorativa dos 450 anos da cidade do Recife).

Para os mestres com desrespeito; Patriotismo ao meu modo; Plataforma; Relógio de ponto; Divagações sobre o mesmo medo. In: MATOS, Cremilda Aquino de; RAFAEL, Ésio; SILVA, Izabel Maria Martins (org.). *Antologia didática de poetas pernambucanos.* Do pós-guerra à década de 80. Recife, Governo de Pernambuco, Secretaria de Educação, Departamento de Cultura, 1988, p. 21-15.

Esquete de Natal. *Natal pernambucano.* Recife: Bagaço, 1992

Os sessentões da rua do Príncipe; O carnaval é assim; Rua Vigário Tenório. In: BEZERRA, Jaci; TENÓRIO, Tereza (org.). *Treze poetas da geração 65. 30 anos.* Recife, FUNDARPE – Fundação do Patrimônio Histórico e Artístico de Pernambuco, 1995, p. 17-20.

Pelo rádio do ônibus, no Recife. In: CORREYA, Juareiz (org.). *Poesia viva do Recife.* Recife: CEPE, 1996, p. 17. Edição comemorativa dos 459 anos da cidade do Recife.

Adágios; presságios. In: LEAL, César (org.). *Poesia pernambucana moderna. Breve antologia. Estudos universitários.* Recife: Editora Universitária da UFPE, 1999, p. 140-144.

Retorno dos Investimentos. In: BARRETO, Dione (org.). *A Seleção de Literatura.* Nordestes. São Paulo: SESC; Fundação Joaquim Nabuco, 1999, [s.p.].

Confluências. In: ALCÂNTARA, Beatriz; SARMENTO, Lourdes (org.). *Amor nos trópicos.* Ensaios e seleta de poemas contemporâneos. Fortaleza: Casa de José de Alencar, 2000, p. 131.

O presente; Cantos dos emigrantes; Formas de abençoar; Divagações sobre o mesmo medo; Chegada de um camponês à rodoviária; Cancioneiro para o Terceiro Mundo; Aos mestres, com desrespeito; Ritual do espancamento; Plataforma; Coletivo suburbano; Relógio de ponto; Um cartão de visita; Sinais; Capitulações; Confluências; Domingo na matinê; Abel, o reformista maior; Alta residência; Aeroporto; Anáforas; Natal de 1999. In: OLIVEIRA, Eraldo Gomes de (org.). *Escritores vivos de Pernambuco.* Recife, CEPE, UBE, 2001, p. 131-163.

Tota. In: ALCÂNTARA, Beatriz; SARMENTO, Lourdes (org.). *Fauna e flora nos trópicos.* Seleta de poemas. Fortaleza: SECULT, 2002, p. 48.

Oração pelo poema (fragmento); Ergonomia. In: BARROS, Almir (org.). *46 poetas sempre.* Recife: Bagaço, 2002, p. 9-11.

Impressão e Acabamento
Bartira
Gráfica
(011) 4123-0255